심리포럼 논제발표집 1

인간의 마음

심리포럼 논제발표집 1

인간의 마음

초판 1쇄 발행 2016년 4월 15일
초판 2쇄 발행 2017년 6월 26일
초판 3쇄 발행 2018년 4월 9일

지은이 김범영
펴낸이 장길수
펴낸곳 지식과감성#
출판등록 제2012-000081호

디자인 윤혜성
편집 이현, 양보영
교정 이주영
마케팅 고은빛, 윤석영

주소 서울시 금천구 가산동 60-5 갑을그레이트밸리 B동 507호
전화 070-4651-3730~4
팩스 070-4325-7006
이메일 ksbookup@naver.com
홈페이지 www.knsbookup.com

ISBN 979-11-5961-047-9(04180)
값 16,000원

ⓒ 김범영 2016 Printed in Korea

잘못된 책은 구입하신 곳에서 바꾸어 드립니다.
이 책의 전부 또는 일부 내용을 재사용하려면 사전에 저작권자와 펴낸곳의 동의를 받아야 합니다.

본 도서는 저작권의 보호를 받습니다. 무단 전재와 복제를 금지합니다.

이 도서의 국립중앙도서관 출판예정도서목록(CIP)은 서지정보유통지원시스템
홈페이지(http://seoji.nl.go.kr)와 국가자료공동목록시스템(http://www.nl.go.kr/kolisnet)에서
이용하실 수 있습니다. (CIP제어번호 : CIP2016008926)

홈페이지 바로가기

심리포럼 논제발표 1집

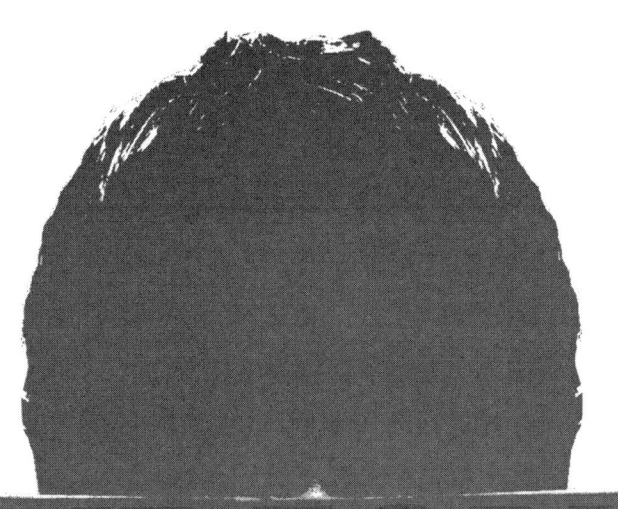

누구나 참여할 수 있는 심리토론모임

인간의 마음

김범영 지음

지식감정

서문

심리포럼

　심리포럼은 "국민을 대상으로 하는 심리계몽운동"이다. 심리포럼은 인간의 마음과 심리가 작용되는 원리를 정확하게 분석하고 토론함으로써 지금까지 왜곡되고 잘못된 마음과 심리의 개념을 올바르게 하는 "대국민 토론모임"이다.
　오늘날 사람들의 스트레스와 상처가 지속되고, 마음의 문제와 어려움은 계속 확대되고 있다. 그러나 이를 치료해야 할 기존 심리이론과 상담기법의 효용성에 대한 문제는 지속되고 있다. 또한 정신의학과 심리상담, 도서, 교육, 전문자격증 등은 더 이상 효과를 기대할 수 없을 만큼 심각한 위기를 겪고 있다. 이에 따라 심리포럼은 마음과 심리에 대하여 비과학적 · 비심리학적 · 비의학적 연구와 임상을 걸쳐 새로운 마음과 무의식의 작용원리를 발견하였고, 이 원리가 학문, 이슈, 주제, 사회… 등 인간의 마음과 관련한 전 분야에 똑같이 작용하고 있다는 것을 알게 되었다. 특히 무의식의 개념을 새롭게 하고, 마음의 근원을 발견하면서 사람과 인간의 마음을 해석할 수 있게 되었고, 그 해석의 근거 또한 정확히 알 수 있게 되었다. 인간이면 누구나 마음과 심리를 가지고 있고, 행복추구와 자아실현의 욕구로 살아가는 것을 규명할 수 있었다.

지금까지 마음과 심리의 분야는 전문가인 학자, 심리전문가, 종교인, 마음연구자 등의 지식에 의존하여 왔다. 그래서 인간의 문명, 지식, 기술은 비약적인 발전을 해 왔지만, 마음과 심리는 심각한 문제로 확대되고 있다. 분명 학자, 종교인, 의학자 등에 의하여 많이 발전하였지만 인간의 마음과 심리는 사회문제를 넘어 더욱 심각한 문제로 확대된 것은 부인할 수 없다. 결국 전문가들의 지식에 의존되어 온 사람과 인간의 마음과 심리는 심각한 위기를 맞고 있다.

마음과 심리는 특정 전문가의 지식에 의존하면 안 된다. 마음과 심리는 여러분 자신의 기억과 생각이다. 전 세계 모든 사람들의 마음을 지식으로 해석하고 정의하는 것은 사실 불가능한데 왜 지식에 의존해야 하는가?

심리포럼은 누구나 조건과 제약 없이 마음과 심리에 대하여 토론할 수 있도록 함으로써 사람과 인간으로 살아가면서 발생하는 다양한 문제와 어려움을 해결하도록 하고, 자아실현을 추구하면서 행복하게 살아갈 수 있도록 하는 획기적인 개방형 토론모임이라 할 수 있다.

'나는 누구인가?'

'나는 왜 살고 있는가?'

'내가 사는 이유와 목적은 무엇인가?'

이를 비롯하여 일을 하는 이유, 성공의 욕구, 행복, 사랑, 열정, 성… 등에 대한 명쾌한 진리를 쉽게 알 수 있다. 인간으로 사는 모든 사람들은 자신의 마음과 심리에 대하여 스스로 전문가이고, 철학자이며, 가치를 지닌 존엄한 존재이다. 따라서 마음과 심리는 더 이상 특정한 전문가, 학자, 종교인 등의 전유물이 되어서는 안 된다.

  인간으로 살아가는 모든 사람들은 누구나 자신의 행복추구와 자아실현의 권리를 갖고 있다. 마음과 심리의 최고 전문가는 여러분 자신이다. 여러분은 심리포럼을 통하여 마음과 심리의 전문가가 되어 자신의 행복추구와 자아실현의 권리를 누리기 바란다.

"심리포럼" 다음카페 주소	이메일
http://cafe.daum.net/mindforum	mindforum@daum.net

차례

서문 심리포럼 • 5

PART 01 심리포럼: 마음과 심리

시작하기 • 14
논제의 이유 • 15
마음과 심리의 개념 • 17
마음은 생각이다 • 18
기존 무의식의 개념과 문제 • 19
새로운 무의식의 개념 • 20
생각과 무의식 • 22
새로운 무의식의 개념은 심리의 혁신이다 • 24
아픈 마음과 무의식 • 26
성폭력 피해 청소년의 심리치료 • 27
무의식의 마음에너지 • 28
영(靈) · 혼(魂) · 육(肉) • 29
심리치료를 위한 심리상담은 필요한가? • 31
마음의 구성 • 34
심리학과 뇌과학의 왜곡된 개념 • 35
심리이론의 방향 • 37
기억데이터 • 39

사람의 마음과 인간의 마음 • 40
마음에너지의 작용 • 43
맑고 깨끗한 영혼 • 45
의식의 왜곡과 이해 • 48
생각기준의 변화 • 49
생각기준의 다양화 • 52
생각기준과 자유 • 54
기존 상담과 강연의 문제와 해결 • 55
마음에너지의 크기 • 57
풍선효과와 마음에너지 • 59
선생님과 학생의 기분 • 60
무의식과 습관 • 61
좋은 습관과 나쁜 습관 • 63

PART 02 심리포럼: 사람과 인간

사람과 인간 • 68
사람과 인간의 마음 • 69
사람의 존재와 자아 • 71
인간의 자아실현 • 71
존재의 의미와 가치 • 73
소년원의 청소년 심리교육 • 75
희로애락의 감정과 힐링 • 76
강연의 문제와 킬링강연 • 80
기분전환과 감정치료 • 82
심리학은 불필요하다 • 84
마음이 다른 원인은 기억 때문이다 • 85
남자와 여자는 감정기억이 다르다 • 86
화병은 한국에만 있는 것이 아니다 • 87
심리극은 불필요하다 • 90

감정은 자신의 마음에서 생긴다 • 91
SNS의 문제와 왜곡된 생각 • 93
SNS와 인간관계 • 95
SNS중독과 폐해 • 97
사람으로 존재하기 • 99
TV와 심리 • 100
청소년 성교육의 슬픈 현실 • 101
커닝의 심리 • 102
심리교육과 자아실현 • 105
스승과 교사 • 106
토크쇼의 심리 • 108
거꾸로 교실의 문제 • 109
인간에서 사람으로 돌아가기 • 111
자아실현의 비교문제 • 113
사람의 자유는 이기주의이다 • 114

PART 03 심리포럼: 몸과 마음

몸과 마음 • 118
마음과 심리는 우주의 원리와 같다 • 119
몸과 마음의 작용 • 120
호기심이 많은 아이들의 심리 • 122
ADHD는 장애가 아니다 • 124
마음의 작용과 몸의 연결 • 125
테라피의 오류 • 127
심리치료를 위한 몸의 작용 • 128
무의식의 구성 • 130
인지행동치료법의 치료확률 • 132
상담의 역효과와 정신병증의 발생 • 133
상담할 때 몸의 병증을 분석하라 • 135

심리치료와 불편한 감정 • 137
뇌세포를 생성할 수 있을까? • 138
자아실현의 왜곡된 문제 • 140
나와 기억 그리고 변화하기 • 142
학자와 선생님 • 144
기억의 자산과 가치 • 145
성격과 습관 바꾸기 • 146
습관의 변화 • 148
남자의 습관변화의 과정 • 150
여자의 습관변화 과정 • 152
습관변화의 남녀차이 • 153
습관변화는 주변 사람들이 먼저 안다 • 154
습관변화의 사례 • 156
현재를 분석한 후 습관변화를 하라 • 158
습관은 자기기준이다 • 159
마음의 치료와 예방 • 161
신기(神氣) • 162
마음에너지의 작용 • 165
인식과 표현의 조화 • 167

PART 04 심리포럼: 의식과 무의식

의식과 무의식 • 170
무의식과 생각 • 171
무의식은 의식을 작용시킨다 • 173
의식으로 인식하고 무의식으로 표현한다 • 174
인간관계의 오해와 갈등 • 176
오해와 갈등은 당연한 현상 • 179
갈등과 싸움이 전혀 없는 부부의 심각한 문제 • 180
사랑하는 사람끼리는 싸움을 한다 • 182

마음의 병을 치료하기 • 184
남자는 의식적이고 여자는 무의식적이다 • 185
심리학의 심각한 오류 • 188
죄는 미워하되 사람은 미워하지 말라 • 189
오해하는 법을 배우면서 살고 있다 • 191
이해의 원리 • 193
배려의 개념 • 194
상대의 표현을 해석하기 • 196
무의식은 문제해결의 핵심 • 198
공부를 잘하는 방법 • 201
서로 이해하자 • 203
나는 누구인가? • 204
습관을 만드는 원리 • 205
왕따 문제의 해결방법 • 209
일베와 메갈의 비교 • 211
SNS는 사람관계망 • 214
SNS는 인간관계를 파괴한다 • 216
인간은 동물과 교감할 수 없다 • 218
자녀양육과 사랑 • 220
온라인 커뮤니티의 현실문제 • 222
무의식 심리교육 • 225

부록 심리포럼 안내 • 227
1. 심리포럼 개요 / 2. 운영 심리포럼 / 3. 출간도서 안내 /
4. 심리교육 안내(심리학습과정 소개, 교육전문가과정) / 5. 회원가입 안내

PART 01
심리포럼

마음과 심리

일시: 2015년 11월 01일 (일요일)

김범영(51, 남, 심리포럼 회장, 논제발표)
박비현(33, 여, 심리포럼 사무국장)
강채영(26, 여, 양주 덕정초등학교)

시작하기

　제1회 심리포럼을 시작한다. 비록 심리포럼의 시작은 몇 명의 적은 인원이지만, "대국민 심리계몽운동의 심리토론 모임"으로 시작했다는 사실이 중요하다.

　앞으로 심리포럼의 회원 여러분과 함께 지금까지 연구된 마음과 심리가 얼마나 왜곡되었는지 알아보고, 마음과 심리의 원리, 무의식의 원리 등을 정확히 이해함으로써 행복한 자신을 만들어 갈 것이며, 논제발표와 심리토론을 통하여 자신 스스로가 행복과 힐링의 방법을 찾아갈 수 있도록 할 예정이다.

　지금까지의 마음과 심리에 대한 학자와 전문가의 지식은 마음의 일부분이며, 무의식을 해석하지 못한 채 인식, 기억, 표현의 심리만을 연구한 지식이다. 결국 무의식이 작용되는 원리를 알지 못하면서 마음과 심리는 왜곡된 채 발전해 왔다. 또한, 왜곡된 마음과 심리의 지식은 인간의 마음에 문제가 발생하였을 때 스스로 치료할 수 있는 마음의 면역역할을 하는 '무의식'의 작용을 알지 못하게 되면서 마음은 점점 나빠지는 상황이 되고 있다.

　마음의 면역체계인 무의식은 마음이 작용하는 인식, 표현, 기억 등의 심리작용이 왜곡되어 문제가 발생하면 저절로 무의식이 이를 조절하여 본래의 마음으로 회복하고자 한다. 따라서 모든 인간은 자신 스스로가 마음을 치료할 수 있는 능력을 갖고 있다.

심리포럼은 마음의 면역체계인 무의식의 작용원리를 중심으로 의식과의 관계, 인식, 표현, 기억 등의 심리작용에 대한 원리를 모든 사람들에게 알릴 목적으로 '심리토론모임'을 시작하게 되었다. 인간이면 누구나 참여하여 마음과 심리에 대하여 토론할 수 있는 모임이다.

논제의 이유

여러분은 '마음과 심리의 차이를 알고 있는가?'

'심리가 일어나는 곳이 마음이다' 또는 '아직 마음을 잘 모르겠다'고 생각할 수도 있다.

사람들은 마음 또는 심리라는 말을 많이 사용하면서도 비슷하거나 같다고 말한다. 그러나 마음과 심리는 다르다. 심리학을 공부하는 사람 또는 심리전문가 및 심리학자들도 마음과 심리가 다르다는 것을 잘 모르는 경우가 많다.

자신들이 공부하는 마음과 심리에 대한 개념을 정확히 알지 못하는 상황에서 마음과 심리에 대한 지식을 공부하고 있는데, 이 지식으로 무엇을 하겠다는 것인지 안타까운 생각이 든다. 또한 이 지식을 다른 사람들에게 전파하고 확대함으로써 다른 많은 사람들까지도 왜곡된 지식을 공부하고 이를 굳게 믿도록 하고 있는 실정이다.

이에 따라서 '심리포럼'은 '대국민 심리계몽운동'으로서 '심리토론모임'을 하고자 설립했다. 인간이라면 누구나 마음과 심리의 개념을 정확히 알아야 하고, 가장 기본이기 때문에 제1회 심리포럼의 논제를 '마음과 심리'로 정했다.

저자는 없다고도 할 수 없고, 있다고도 할 수 없는 무의식과 마음에너지의 원천을 알아내는 데에 오랜 시간을 연구했다. 개발된 무의식의 개념과 마음에너지의 원천을 바탕으로 지금까지 연구되어 온 기존의 의식개념에 추가하여 새로운 무의식의 개념을 정립하였고, 의식과 무의식이 작용하는 원리, 심리(인식, 표현, 기억)가 작용하는 원리 등을 밝혀냈다. 마음과 신체의 관계, 세부적인 마음의 작용, 심리장애의 원인 및 치료방법, 다양한 심리의 분석과 연구는 앞으로 여러분을 비롯하여 학자와 전문가들이 해야 할 일이다.

이를 위해서는 저자는 개발된 마음과 심리의 작용원리를 많은 사람들에게 알려서 지금까지의 지식이 많이 왜곡되어 있다는 것, 심리의 면역체계인 무의식이 존재하고 있다는 것, 심리장애의 원인과 치료방법의 원리가 존재한다는 것, 인간의 마음과 심리는 일정한 규칙에 의하여 작용하고 있다는 것 등 많은 것을 공개하여 토론하고자 심리포럼을 설립했다.

이는 저자가 심리포럼을 통하여 '심리계몽운동'을 하는 목적이다. 많은 사람들이 마음과 심리의 원리를 정확히 알게 됨으로써 전문가와 학자들에 의하여 왜곡되고 잘못된 마음과 심리의 연구를 올바르게 할 수 있도록 하고, 보다 행복한 세상이 되어 인류의 평화와 행복에 초석이 되고자 하는 마음이다.

따라서 심리포럼을 통하여 다양한 분야의 마음과 심리의 현상에 대하여 토론하고 알아 감으로써 마음과 심리의 진리를 정확하게 알 수 있도록 '심리계몽운동'을 지속하는 것이 우리가 해야 할 사명이라고 생각한다.

마음과 심리의 개념

마음은 '마음 심(心)'을 쓰고, 심리는 '마음 심(心)'과 '이치 리(理)'를 쓰며, 심리(心理)는 '마음이 작용하는 이치'라는 뜻이다.

마음은 추상적인 개념이다. 그래서 마음은 몸의 어딘가에 존재하지만 실체를 알기 어렵다. 마음을 한 단어로 말하면 생각이다. 이 생각은 '날 생(生)'과 '깨달을 각(覺)'으로 '느낌이 생긴다'는 뜻이며 몸의 어디에서 생기는지 잘 모른다. 대체적으로 뇌 과학자들은 뇌와 연결되어 생각한다고 하지만 이때의 생각도 마음도 모두 추상적이다.

마음은 Mind 또는 Spirit이라고 표현하는데 이는 혼(魂) 또는 영(靈)에 가까운 개념이다. 심리는 Psychology라는 학문으로 발전했지만, 마음은 추상적이기 때문에 학문으로 발전하지 못했다. 마음은 존재하고 느끼는 것뿐이기 때문이다.

이러한 마음을 느끼도록 작용하는 원리와 이치가 심리이다.

마음은 생각이다

　우리는 신체를 통해 외부로부터 정보를 받아들여 생각으로 자각하는데, 이를 인식(또는 인지)이라고 한다. 또한 생각을 외부로 표현할 때 마음을 외부로 표현한다고 말한다.

　인식은 신체의 다섯 개 감각기관을 통하여 정보를 받아들이고, 표현은 말과 행동과 표정으로 신체를 통하여 마음을 외부로 나타낸다. 이렇게 외부정보가 마음으로 들어오고, 마음이 외부로 표현할 때는 반드시 신체를 통하게 되고, 마음과 신체가 연결되어 작용한다. 이처럼 마음을 중심으로 인식, 표현, 기억 등의 작용원리와 이치를 심리라고 한다.

　인간의 마음은 신체와 연결되어 있는 인식과 표현 그리고 기억이 상호 연결되어 있다. 외부로부터 정보를 인식하고, 외부로 표현하고, 기억에서 생각으로 받아들이고 표현하는 일련의 모든 과정에서 생각이 작용하는데, 생각이 작용하지 못하면 인식, 표현, 기억을 못한다. 결국 생각에 문제가 생기면 마음에 문제가 생긴다.

　이러한 생각과 함께 작용하는 인식, 표현, 기억 등 세 가지의 작용을 심리라고 한다. 결국 생각이 인식, 표현, 기억과 함께 작용하는 것을 심리라고 하고, 마음은 생각이다.

　여러분은 생각과 마음이 같은 것임을 이제 알게 되었다. 그래서 마음이 아프고 힘든 것은 생각이 아프고 힘든 것이다. 예를 들어 내가 슬프다면 생각이 슬프게 느껴지는 것이다. 즉 '각(覺)', 느낌이 발생되는 곳이다.

기존 무의식의 개념과 문제

추상적인 생각을 현대 과학으로 증명하려는 노력이 많다. 현대 심리학에서는 인식하는 단계를 인지요법, 표현하는 단계를 행동요법으로 나눠서 해석하고 치료기법으로 개발하고 있다. 인지요법과 행동요법을 통합하여 인지행동치료법을 개발한 것도 같은 원리이다. 또한, 기억에 대해서는 뇌 과학으로 연구하고 있다. 그러나 이는 모두가 인식, 표현, 기억의 작용으로 마음인 생각을 유추하고 있을 뿐이다.

심리적 관점에서 볼 때는 생각이 인식과 표현과 기억에서 상호 작용되는 연구를 해야 하지만, 인식과 표현과 기억으로 생각을 유추하기 때문에 실제 마음이 작용하는 원리인 생각의 작용을 알 수 없었다. 그래서 마음이 작용하는 원리와 이치를 모른 채 추상적으로만 해석하고 있을 뿐이었다. 또한 뇌 과학에서는 기억으로 생각과의 차이를 연구하고 있지만 생각의 본질을 모르고 있었다.

생각의 기준을 해석하고 작용하는 원리를 해석해 보면, 생각인 마음은 의식과 무의식으로 구성되어 있다. 외부에서 인식되는 것은 의식이 작용하고, 생각이 표현되는 것은 무의식이 작용하는데, 대부분은 이를 모른 채 마음과 심리의 연구가 지속되어 왔다.

프로이트의 구조이론을 시작으로 무의식이 존재하고 있다고 밝혀지기 시작했다. 사람에게는 느끼는 것만 존재하는 것이 아니고 느끼지 못하는 무의식이 존재하고 있다고 프로이트는 밝혀냈다. 프로이트가 성충동이론에서 성(性)의 무의식을 연구하였고, 칼 융의 집단무의식을 비롯하여 현재까지 많은 정신의학과 심리학의 개념을 기초로 다양한 심리이론이 만들어 졌다. 그러나 무의식의 개념부터 문제가 있었다.

정신의학과 심리학에서 연구해 온 무의식은 무의식이 아니다. 존재하지만 의식되지 않을 뿐인 잠재의식을 무의식으로 정의하고 있었다. 기존의 심리이론에서는 존재하면서 느낄 수 있는 것은 의식이라 하고, 존재하면서 느낄 수 없으면 무의식이라고 정의했다. 결국은 무의식은 존재한다는 것인데, 존재하는 이 자체가 의식임에도 불구하고 존재하면서 느낄 수 있는 의식만을 해석하고 있다고 볼 수 있다.

새로운 무의식의 개념

무의식은 존재하지 않는다. 즉 '무(無)'와 '의식(意識)'이 결합된 무의식이다. 영어로는 Unconsciousness로 표현한다. 실체가 존재하느냐, 존재하지 않느냐로 무의식의 개념을 정의해야 하는데, 기존에는 존재하는데 느껴지는가, 느껴지지 않는가를 기준으로 의식과 무의식을 분류했다.

새로운 무의식의 개념을 간단하게 정의해 보면, 느껴지든 느껴지지 않든 존재하는 것은 의식이고, 존재하지 않고 느껴지지 않으면서 작용하는 것은 무의식이다.

이 개념을 우선 이야기하는 이유는, 이 무의식 개념의 차이가 학설로써 받아들여지면 지금까지 개발된 많은 정신의학과 심리학의 개념을 모두 다 바꿔야 할 만큼 중요하기 때문이다. 새로운 무의식의 개념은 매우 단순하지만 지금까지 연구해 왔던 논문, 학술이론, 도서, 강의, 교육 등을 모두 바꿔야 하기 때문에 학자와 전문가들은 결코 바꾸려고 하지 않을 것이다.

그렇다고 기존의 연구가 틀렸다는 이야기가 아니다. 무의식의 개념만 새롭게 하면 지금까지의 모든 연구가 올바르다는 것을 증명할 수 있다. 지금까지는 '존재하지 않지만 작용'하고 있는 새로운 무의식을 연구하지 못했을 뿐이다.

이 새로운 무의식 개념을 도입하지 않으면 생각과 마음의 실체를 해석하고 분석하기 어렵다. 생각이 작용되는 원리와 이치를 모른 채 심리인 인식, 표현, 기억만으로 생각과 마음을 해석하고 있었지만, 마음인 생각을 정확히 해석하고 작용원리와 이치를 규명한 것이 새로운 무의식의 개념을 정립한 무의식이론이다.

개발된 무의식이론은 생각과 마음의 근원과 원천을 연구한 최초의 심리이론이다.

이를 증명하기 위해서는 우선적으로 의식과 무의식을 구분할 때 의식이 존재하는가, 존재하지 않는가를 명확히 해야 한다. 무의식은 존재하지 않지만 작용한다. 그래서 우리는 이를 '마음에너지'라고 하고, 존재하지 않지만 무엇인지 알 수 없는 마음에너지가 작용하고 있다. 즉 생각의 느낌이 생길 때, 느낌이 존재하는 것을 자각하는 것이 의식이고, 느낌으로 존재하도록 만드는 마음에너지는 어디서 발생하는 것인지 아는 것이 필요하다. 이는 무의식이 작용하면서 마음에너지를 만들어서 의식이 자각할 수 있도록 만들어 주는 생각의 원리이다.

　종교에서든 정신의학과 심리학에서든 많은 사람들이 마음과 심리에 대하여 이야기하지만, 존재하는 의식만을 이야기한다. 그러다 보니 존재하지 않고 작용하는 마음에너지를 알 수 없었다.

　현재 이 마음에너지를 해석하기 위한 연구를 하는 학자도 있다. 독일의 한 학자가 이 마음에너지가 존재한다면서 저술한 도서가 있지만, 대부분 뇌 과학과 연결하여 막연하게 마음에너지에 의해서 생각이 느껴질 수 있다고 유추하고 해석했다.

생각과 무의식

　여러분이 책을 한 권 들어 올린다고 하자. 이때 생각이 책을 들어 올리라고 지시 내렸기 때문에 책을 들어 올리는 행동을 한다. 즉 생각이 '책을 들라'는 것을 신체를 통하여 행동으로 표현한 것이다. 그러나 책을 들어 올리면서 다른 손은 어떤 제스처를 취하고, 어떤 표정으로, 어떤 모습이었는지 자각하지 못한다. 책을 들어 올린다는 행동 자체는 의식으로 자각되어 느끼지만 그 외의 나머지 표현은 자각되지 않은 채 자신도 모르게 무의식이 작용한다.

또한, 생각이 작용하여 들어 올리고 느낌이 발생하는데, 그렇다면 어떤 마음에너지가 작용하여 책을 들어 올릴 수 있게 되고 자각하고 느낄 수 있는 것일까?

의학자나 생리학자들은 신체의 감각세포라는 말을 쓴다. '느낄 감(感)', '깨달을 각(覺)'으로서 감각을 느끼도록 만든 감각세포들이 몸의 외형을 감싸고 있다. 그래서 인간은 다섯 개의 감각기관을 통하여 인식하고, 말과 행동과 표정을 통하여 외부로 표현한다.

신체를 통하여 들어 올린다는 하나의 생각만 작용하지만, 자기도 모르게 무의식으로 표현한다. 이때 들어 올린다는 느낌을 만들어 주는 마음에너지는 무의식에서 발생한다. 즉 무의식은 마음에너지의 흐름이라고 할 수 있다.

마음에너지를 어느 방향으로 흘러가게 할 것이냐에 따라서 좋은 느낌과 안 좋은 느낌이 만들어진다. 즉 희로애락(喜怒哀樂)의 감정은 무의식이 움직일 때 만들어지는 것이다.

이와 같이 느껴지고 존재하는 의식은 그냥 느껴지는 것이 아니라 무의식이 작용할 때 비로소 생각으로 자각하고, 의식하며, 아파하고, 즐거워하고, 재미있는 것이다. 즉 인간이 기분과 감정을 느낄 때에는 무조건 무의식이 작용한다. 이는 생각으로 자각하면서 작용하기 때문에 무의식이 중요하다.

새로운 무의식의 개념을 기준으로 기존의 정신의학, 심리학, 치료요법, 마음 등과 관련된 도서와 논문을 보면 마음과 심리의 해석이 왜곡되고 잘못되었다는 것을 알게 된다. 그러나 이는 잘못된 것이 아니라 '존재하지 않지만 작용'하는 마음에너지의 흐름이 빠져 있을 뿐이다. 그렇기 때문에 계속 의식만을 연구할 수밖에 없었던 것이다. 이러한 마음의 근본적인 원리와 이치를 모르기 때문에 대부분의 사람들은 이 마음에너지를 우주의 기, 우주의 이치, 자연의 섭리 등으로 해석하고 있다. 즉 마음을 추상적인 개념으로만 생각하게 된 것이다.

새로운 무의식의 개념은 심리의 혁신이다

인간은 누구나 마음에너지의 원천을 갖고 태어나서 죽는 날까지 마음에 존재하고 있다. 그러나 이 마음에너지는 보이지 않고 존재하지는 않는다.

이 원리를 비교설명을 해 보면, 달이 지구를 중심으로 돌고, 지구가 태양을 중심으로 도는 원리와 같다. 만유인력을 보면 지구와 달, 태양과 지구 등은 서로 상호작용하는 에너지가 존재하고 있는데, 이는 보이지 않는다. 그 에너지와 연결된 것이 보이지 않지만 상호 작용하는 힘이 존재하기 때문에 달이 지구를 일정한 궤도로 돌고, 지구가 태양을 돌고 있는 것이다. 이러한 전제조건으로 물리학 또는 천체물리학과 같은 학문에서 다양한 해석과 이론을 개발하고 증명하는 연구를 한다. 분명히 존재하지 않는데 돌고 있으니 말이다.

이러한 이치와 마찬가지로 인간의 마음에서 무의식은 존재하지 않지만 작용하고 있다. 인간의 마음에 대하여 기존에는 존재하는 의식만으로 느껴지는가, 느껴지지 않는가를 연구해 왔다. 그러나 새로운 무의식은 존재하지 않지만 마음에너지로 작용하고 있다. 그래서 인간은 의식으로 생각하는 것이 아니라 무의식의 마음에너지의 작용에 의하여 의식이 자각되어 생각하도록 만들어졌다. 즉 무의식이 작용함으로써 의식하게 된다.

무의식의 마음에너지를 아무리 이야기해도 사람들은 무의식의 새로운 개념을 생각하지 않고 알려고 하지도 않는다. 그래서 기존 정신의학이나 심리학의 개념으로는 심리치료가 되지 않는다. 자신의 마음에서 '존재하지 않지만 작용'하고 있는 무의식인 마음에너지가 있다는 걸 모르면 심리치료가 안 된다.

어린 아이일지라도 무의식의 마음에너지를 갖고 있다. 이것을 사람들에게 알려 줘야 한다. 알려 주고 무의식의 마음에너지가 작용하는 원리와 이치를 알면 심리치료가 저절로 된다. 무의식의 마음에너지가 작용하는 원리를 알려 주면 인식, 표현, 기억이 될 때 의식이 작용하는 원리와 이치를 알게 되면서 어떻게 인식, 표현, 기억을 할 것이냐를 생각에서 작용할 수 있게 된다. 그러면 어떤 걸 기억해 내고, 어떤 행동을 할 때에도 무의식이 저절로 작용하도록 만들 수 있다.

아픈 마음과 무의식

 마음이 아프다고 할 때, 아프다는 것은 의식이 자각해서 생각이 아픈 것이다. 생각에서 아프다는 느낌을 느끼려면 무의식의 마음에너지가 의식으로 아프다는 신호를 전달해야 한다. 그러면 의식으로 자각하는 생각이 아프다고 느낀다. 결국 아프다는 느낌은 무의식이 작용하면서 의식에서 자각하여 아프게 만들었다는 것이다.

 그렇다면 무의식을 아프지 않도록 작용하면 의식은 어떻게 느낄까? 과거의 아팠던 기억을 아프지 않게 만들어서 아프지 않도록 생각하는 것이 심리치료이다.

 이는 불가능한 것이 아닌데 사람들이 불가능한 것으로 생각하는 것은 무의식에서 작용하는 마음에너지가 존재하고 있다는 것과 이 마음에너지가 발생하고 작용하는 원리를 모르기 때문이다.

 그런데 사람들은 왜 아픈 마음에서 벗어나지 못할까?
 새로운 무의식이 있다는 걸 모르거나 또는 새로운 무의식을 믿고 싶지 않기 때문이다. 이는 옛날부터 심리학자 또는 전문가들이 만든 의식과 무의식의 개념을 굳게 믿고 있기 때문이다.

 지구가 태양을 도느냐, 태양이 지구를 도느냐의 개념과 같은 논리이다. 천동설에 대한 믿음이 강했을 때, 새로운 지동설을 이야기했을 때 누구도 믿지 않았던 것과 같은 이치이다.

이처럼 새로운 무의식의 개념은 현재의 학자와 전문가들이 알고 있는 무의식과는 전혀 다른 개념이고, 무엇보다 알지 못하는 것에 대하여 받아들이지 않으려는 무의식의 작용이다.

따라서 일반 사람들은 자신의 마음이 아파도 이를 벗어날 수 있는 지식이 없고, 벗어나려는 노력을 하면 할수록 점점 더 문제가 심각해지기 때문에 심리문제 또는 심리장애가 만연할 수밖에 없는 것이다.

성폭력 피해 청소년의 심리치료

심리치료를 한 청소년 성폭력 피해자가 있었다. 몇 년 동안을 죽고 싶을 정도로 고통스럽고 아파하며 의식이 헤어 나오질 못하고 있었다. 그래서 심리치료를 할 때 그 청소년에게 아무것도 묻지 않고 무의식의 마음에너지가 작용하는 원리와 이치를 알려 주었다.

"네 안에 바로 이런 무의식이 작용하고 있고, 그래서 말과 행동과 표정의 표현이 무의식으로 작용되고 있기 때문에 이 중에 몇 가지를 바꿔 보자. 속는 셈 치고 한번 그냥 해 봐라."

이와 같이 무의식의 작용원리를 알려 주는 마음교육(심리교육)을 하였다. 그렇게 3일이 지난 후 마음교육은 끝이 났고, 3개월이 지난 후 그 청소년은 또래 청소년과 같이 밝고 예쁜 본래의 모습으로 학교에 잘 다니고 있다고 했다. 또한 그 청소년과 함께 고통스러워했던 가족들도 본래의 모습을 찾을 수 있었다.

이렇게 성폭력 피해심리가 치료된 이유는 무엇일까?

자신의 의식이 마음에서 표현하게 되는 원리, 피해를 당한 것이 아니라 살아가는 데 과연 어떤 것이 어떠한 영향을 주고 있는 것이고, 앞으로 어떻게 갈 것인지… 등 자신만의 마음에너지가 순기능으로 작용하게 된 것이다. 그러면서 이 청소년은 자신의 뛰어난 능력을 갖기 위해 자신의 본래 마음으로 다시 회복할 수 있었다.

무의식의 마음에너지

성폭력 피해 청소년의 심리치료가 가능했던 이유는 인간이면 누구에게나 무의식 즉 작용하는 마음에너지가 있기 때문이다.

무의식의 마음에너지는 좋다 나쁘다가 없다. 좋고 나쁜 것이 없이 그냥 무조건 생긴다. 그래서 이 마음에너지를 좋은 데 쓰면 좋은 감정으로 즐겁고 행복해지고, 나쁜 데 쓰면 감정이 아프고 고통스러워진다.

무의식의 마음에너지가 좋고 나쁜 것의 기준은 마음의 원천인 심리유전자에서 정해진다. 심리유전자는 인간이 태어나는 순간부터 죽을 때까지 무의식을 작용시키는 마음의 근원이다. 태어나서 죽을 때까지 한 순간도 멈추지 않고 1초에 약 4조 회 이상의 마음에너지를 발생시키면서 무의식을 작용시킨다.

이 심리유전자의 기준에 맞으면 좋은 마음에너지로 작용하고, 기준에 맞지 않으면 나쁜 마음에너지로 작용한다. 그래서 종교인들은 이 심리유전자를 '영(靈)'이라 일컫고, 의식과 무의식을 '혼(魂)'이라 일컬으며, 인간은 육체(肉體)와 영혼(靈魂)으로 구성되어 있다고 한다.

바로 이 심리유전자가 작용하면 제일 먼저 무의식이 작용하면서 마음에너지가 생성되고, 그 다음에 무의식에 의하여 의식이 작용하는 것이 마음이 작용하는 과정이다.

영(靈) · 혼(魂) · 육(肉)

여러분은 지금까지 한 번도 들어 보지 못했던 이야기를 들었기 때문에 매우 혼란스러울 것이다. 이는 여러분이 지금까지 태양이 지구를 중심으로 돈다고 굳게 믿어 왔는데, 갑자기 지구가 태양을 중심으로 돈다고 말하고 있기 때문에 혼란스러운 것과 같은 이치이다.

우리가 앞으로 배우고 깨우쳐서 알아야 할 마음과 심리의 내용은 지금까지 한 번도 들어 보지 못했던 내용이다. 마음, 즉 생각의 원천인 심리유전자와 이 심리유전자에 의해서 무의식과 의식이 어떻게 작용되는지를 알아야 하는 것이다.

심리를 조금이라도 공부한 사람들은 처음부터 마음과 심리의 개념이 잘못됐다는 것부터 인식하고 무의식과 마음에너지의 원천을 공부하여 마음과 심리의 진리를 알아야 한다.

심리인 인식, 표현, 기억 등이 중요한 것이 아니다. 마음은 생각에서 작용되고 있는 '영(靈)'과 '혼(魂)'에 관련된 부분만 다루기 때문에 심리와 연계된 신체는 연구하지 않는다. 그런데 마음을 알아가다 보면 신체는 별 것 아니지만 '영(靈)'과 '혼(魂)'을 담고 있기 때문에 신체가 얼마나 존귀하고 위대한지를 저절로 알게 된다.

사람이면서 인간이라면 누구나 영혼이 있다. 그런데 자신에게 '영(靈)'이 없고 '혼(魂)'이 없는 것처럼 살거나, 이를 인식하지 못하고 희로애락의 감정과 기분에 의해서 자신의 마음이 좌지우지된다.

따라서 마음과 심리의 원리를 정확하게 알면, 어떤 인식을 하든, 어떤 표현을 하든, 어떤 기억을 하든, 생각은 풍요롭고 행복해진다. 고통스럽고 아프고 또는 부끄러웠던 지난날의 기억도 생각에서 풍요로워지면서 지금까지 살아왔던 자신이 자랑스러워진다.

결국은 마음에너지의 원천인 심리유전자와 무의식의 개념을 지금까지 몰랐기 때문에 계속 의식만으로 해석하고 분석하면서 마음의 진리를 우주의 이치 또는 자연의 섭리에서 찾으려 하였고, 명상이나 수련을 하고 있었다. 마음에너지의 원천은 인간이라면 누구나 태어날 때부터 갖고 있어서 자신의 내면에서 내 마음이 어떻게 작용되고 있다는 것만 정확하게 인지하면 마음이 바뀐다.

세상을 바라보고 해석하는 의식이 바뀌면서 나를 중심으로 돌아가는 것이 아니라 내가 스스로 돌아가고 있었다는 사실을 알게 되고 마음과 심리가 정확히 해석되고 분석된다. 그러면 지금까지 희로애락으로 기쁘고 즐겁고 또는 슬프고 아팠던 감정과 기분이 모두 해석되면서 이해되기 시작하고 저절로 심리치료가 되는 놀라운 현상이 생긴다. 과거의 기억은 똑같은데 이를 자각하는 생각이 바뀌게 된다. 생각이 바뀐다는 것은 감정을 느끼고 자각하는 것이 바뀐다는 뜻이며, 마음이 바뀐다는 뜻이다.

기억은 느껴지는가? 인식과 표현도 느껴지는가? 느끼고 자각하는 생각이 바뀌면, 모든 것이 바뀔 수 있다. 그래서 마음과 심리의 진리와 원리를 정확하게 아는 것이 중요하다.

심리치료를 위한 심리상담은 필요한가?

저자는 오랜 기간 심리치료를 위한 심리상담을 했다. 무의식의 새로운 개념을 정립하고, 마음에너지의 작용에 의한 자가 면역체계를 발견한 후, 심리상담을 하면서 마음과 심리가 작용하는 원리를 알려 주는 '무의식치료기법'을 개발하여 임상적용을 한 결과 90% 이상의 완치효과가 있음을 검증했다.

이에 따라서 기존의 심리상담이 매우 왜곡되고 잘못된 것을 알 수 있었으며, 마음과 심리가 작용하는 원리를 알려 주는 '심리치료교육' 프로그램을 개발하였다. 즉 가르쳐 주는 심리교육이 아니라, 알려 주는 심리교육으로서 심리치료를 할 수 있게 되었고, 상담은 불필요한 것이고, 상담으로 인하여 오히려 더 심각한 문제가 발생하는 것을 증명하였다.

내담자가 무엇 때문에 상담을 원하는지, 왜 상담을 하는지는 중요하지 않다. 마음과 심리의 개념과 원리를 몇 가지만 알려 주면, 사람들은 자신이 살아왔던 경험의 기억들을 이해하고 해석하게 되면서 모든 것이 동일하게 작용한 결과임을 알게 된다. 다만 과거에는 몰랐기 때문에 자신도 주변 사람들도 똑같이 상처와 스트레스를 반복했다는 것을 알게 되면서 이해되기 시작한다. 이렇게 상처와 스트레스가 반복하는 이유는 과거의 기억 때문이다. 즉 존재하고 느껴지는 의식 때문이다.

의식으로 느끼지 못하고 있다가 기억나면 다시 느껴지는 의식일 뿐인데, 의식을 작용시키는 무의식의 마음에너지를 모르기 때문에 자신도 모르는 사이에 스트레스와 상처가 다시 반복한다. 그래서 희로애락의 감정과 기분에 휘둘리면서 살아가고 이 감정과 기분의 굴레에서 벗어나지를 못하는 것이다. 남자든 여자든 이를 모르기 때문에 반복하는 것뿐이다.

사람들은 일반적으로 성격은 태어날 때부터 갖고 있기 때문에 변화 또는 바꾸는 것이 힘들다고 하지만, 마음이 작용하는 원리를 알면 바꾸기 쉬운 것이 성격이다. 그래서 유능한 상담사는 상담할 때 성격검사를 하지 않는다. 성격은 바꾸면 되는데 성격검사를 해서 선입견과 편견을 만들 이유가 없다.

성격은 의식이기 때문에 무의식의 마음에너지가 작용하는 원리와 이치를 알려 주기만 하면 마음의 원천에 맞도록 자기도 모르게 의식을 바꾼다. 즉 마음의 원천에 맞도록 느낌을 바꾸는 것이다. 이 원천이라는 것은 마음의 행복이고, 심리유전자이며, 사람으로 또는 인간으로 행복하게 살아가는 마음에너지이다.

그런데 행복도 매우 추상적이다. 지금 이야기하고 있는 것들은 하나같이 직접 느낄 수 없기 때문에 눈에 보이지 않고 들을 수 없어서 직접적인 표현은 할 수 없다.

느낌을 표현해 보자. 공포의 느낌과 실체를 직접 손으로 그려 보기 바란다. 공포의 느낌은 분명 느낄 수 있지만 그림으로 표현하려면 그려지지 않는다. 추상적으로 그릴 수는 있지만, 직접적인 느낌을 그릴 수는 없다. 신체의 감각기관으로는 느낌의 오묘한 이치를 해석할 수 없다. 언어(말과 쓰는 글)에도 표현되지 않는 것이 많고, 표현할 때도 어떻게 표현해야 될지 모르는 것들이 많다. 이는 기억되는 정보가 없기 때문이다. 특정한 단어는 기억되고 표현되지만, 글로 쓸 수 없기 때문에 혼란스러워지는 것이 많다. 우리가 쓰는 많은 단어에도 그렇듯이 여러분이 지금까지 마음과 심리에 대하여 배워서 알고 있는 모든 것들은 의식일 뿐임을 알아야 한다.

마음의 구성

외부의 정보가 인식되어 마음인 생각으로 유입되고, 생각으로부터 외부로 표현한다. 또한 이 생각은 기억과 연관된다. 이때의 생각은 마음인데, 마음은 의식과 무의식으로 구성되어 있다. 의식은 존재하며 느껴지지만, 무의식은 존재하지 않고 작용한다. 존재하지는 않지만 마음에너지로 작용하기 때문에 무의식은 의식으로 느낄 수 없다.

의식이 하나를 기억할 때 나머지는 무의식이 작용한다. '1 : n'으로 생각하면 된다. 즉 느끼는 것 하나이지만, 많은 무의식이 작용하고 마음에너지가 작용하여 느끼는 것이다. 이때 n은 생각으로 느껴지지는 않지만 작용하고 있는 무의식이다.

예를 들어 저자가 여러분을 바라보고 있다고 해 보자. 저자는 여러분을 어떻게 보고 있을까? 저자는 의식적으로 여러분을 보는 것이 아니라 저자도 의식하지 않지만 여러분이 그냥 보이는 것이다. 그래서 나중에 저자가 본 것을 기억하면, 오른쪽으로 돌아봤나, 책상이 몇 개였지, 누굴 봤지… 기억이 잘 나지 않는다. 생각으로 의식하지 않고 무의식이 작용하였기 때문에 기억이 나지 않는다.

신체의 다섯 개 감각기관인 시각, 청각, 촉각, 후각, 미각을 통하여 외부의 정보가 마음으로 유입된다. '각(覺)' 즉 느낌이 들어오는 것이다. 시각은 눈으로 느끼는 느낌인데, 눈으로 들어온다고 해서 다 느껴지는 것이 아니다. 눈으로 들어와서 느껴지는 느낌 그 자체를 시각이라고 한다.

그렇게 다섯 개의 감각기관을 통해서 인식한다.

  표현은 말과 행동과 표정을 통해 마음을 외부로 표현한다. 인식과 마찬가지로 표현도 신체를 통해 작용하고, 이 작용하는 것들을 우리는 인간의 심리라고 한다. 즉 마음인 생각을 중심으로 인식, 표현, 기억 등의 작용을 심리라고 한다.

심리학과 뇌과학의 왜곡된 개념

  마음은 의식과 무의식이 작용하는 생각이다. 즉 마음은 느끼는 것이다. 의식과 무의식을 통해 느껴지는 것이 인식, 표현, 기억 등에서 작용하는 것이 심리이다. 그래서 심리는 마음의 작용이다. '심리(心理)'는 '마음이 움직이는 이치'라고 표현한다.

  뇌 과학은 기억을 연구하는 학문이지 마음을 연구하는 학문이 아니다. 또한 인지와 행동에 연관된 심리이론들은 마음을 연구하는 학문인가? 마음이 심리의 한 부분인 것은 맞지만 현재까지 심리는 마음을 제외하고 인식, 표현, 기억 등만 연구했다. 결국 심리의 핵심이라 할 수 있는 마음을 연구해야 한다.

  저자도 처음에는 프로이트로부터 시작된 의식과 무의식, 인식, 표현, 기억 등을 마음으로 알고 있었는데, 아무리 해석하고 분석하고 연구해도 마음을 알 수 없었다. '분명히 다른 무엇인가 있는데 그게 과연 무엇일까?'라는 생각을 많이 했다. 그래서 인식, 표현, 기억을 모두 배제하고 오랜 시간동안 마음을 연구할 수밖에 없었다.

'내가 자각하는 것이 의식하는 것인가? 그러면 지금까지의 무의식은 무의식의 진리인가?' 그래서 동양과 서양의 사상, 철학, 역사, 인문, 사회, 역학 등의 다양한 분야를 연구했다. 그렇게 발견한 것이 무의식의 새로운 개념이다. 이 연구결과로 심리의 개념부터 잘못되었다는 것을 알았다.

생각인 마음에서 무의식을 배제한 채 의식만으로 해석하려고 하였기 때문에 마음을 해석할 수 없었고 알 수 없었던 것이다. 그나마 인식되는 것은 의식으로 들어오기 때문에 해석이 가능한 부분도 있지만, 표현된 것에 대해 왜 그렇게 말하고 행동하고 표정을 지었는지를 해석하는 것은 매우 어려웠다. 즉 성격이 나타나는 유형을 해석하기가 어려웠다.

의식되는 것은 1이고 그 외의 무의식 n이 존재하기 때문에 하나의 1에 관련되는 것을 연구하면, 해석되지 않는 n이 또 존재한다. 그러면 n에 또 하나의 1을 연구하면, 또 다른 $n-1$이 존재한다. 지금까지 많은 심리이론들이 개발된 원인이다. 그렇게 개발된 심리이론들이 수천, 수만 가지가 넘는데도 불구하고 여전히 n은 가늠할 수 없을 정도로 많다. 그래서 심리학에서는 통계를 도입하기 시작하였다. 심리학의 결정적인 실수라 할 수 있다.

예를 들어 의사가 수술하기 전에 환자가 사망할 확률이 10%라면 의사는 수술할 수 있을까? 수술은 정확하지 않으면 안 된다. 수술했을 때 환자가 100% 살아야 한다. 100%와 99%의 차이는 무엇인가? 99%는 백에 하나는 문제가 생길 수 있고 사망할 수 있다는 말이다. 그렇기 때문에 수술동의서를 받고 수술을 진행하는 것이다. 그래서 통계를 도입한 심리학에서는 심리치료를 위한 상담에 앞서 심리에 문제가 발생할 수 있고, 심리가 죽을 수 있다는 상담동의서를 받아야 한다. 통계를 도입했으면 동의서를 받아야 하는 것은 당연하지만, 상담동의서를 제대로 받는 경우는 거의 없다. 즉 정확하지 않은 심리치료기법이 개발되었기 때문이며, 전문가들이 자기합리화의 수단으로 통계를 도입했다고 볼 수 있다.

지금까지의 심리이론에서는 무의식에 관련된 지식이 거의 없다. 존재하지 않지만 작용하고 있는 무의식의 마음에너지를 알고 있는 전문가나 학자들이 없다는 뜻이기도 하다. 그 이유는 의식에 편중되어 의식을 심리의 전부이고 진리로 믿기 때문이다. 의식은 심리의 전부도 진리도 아니다. 직접 느껴지는 단순한 사실일 뿐이다.

심리이론의 방향

그렇다면 지금까지의 심리이론 또는 정신의학의 이론들이 과연 맞는 것인가? 그것들이 틀리다고 할 수 있는가? n이 만 개일지, 천만 개일지, 수천만 개일지는 모른다. 지금까지 연구한 심리이론은 n 중에 하나이기 때문에 틀린 것은 아니다. 다만 틀린 건 아니지만 극히 일부분(n 중에 1)이라는 것을 알아야 한다.

그렇다면 지금 말하고 있는 새로운 이론은 도대체 무슨 이론인가? 마음과 심리의 근원이고, 심리의 원천이며 기반인 플랫폼이라고 생각하면 된다.

기존의 무의식 개념과 기존의 심리이론에 이 마음과 심리의 근원을 적용하면 매우 정확한 이론이 된다. 그 이유는 기존에 해석된 1에 무의식의 n이 해석되기 때문이다.

그래서 우리는 이 마음과 심리의 근원을 배워야 하고 이는 교육심리, 육아심리, 경영심리, 사업심리, 사회심리, 범죄심리… 등 어느 분야에서든 왜 1이 나올 수밖에 없었는지를 모두 해석할 수 있다. 즉 각각의 이론들이 잘못된 것이 아니라 마음과 심리의 근원 그리고 무의식의 새로운 개념을 모르고 있었을 뿐이다.

현재 심리이론들은 연구가 잘되어 있기 때문에 이 무의식의 개념과 마음과 심리의 근원을 연결하여 연구할 수 있으면 마음과 심리에 관련되어 매우 유용하게 활용할 수 있게 된다.

그래서 심리포럼의 의의가 이 무의식의 개념, 마음과 심리의 근원과 원리 등을 어느 특정 학자에 의한 특정 심리이론으로만 발전하는 것이 아니라 인간이면 누구나 다 보편적으로 알게 함으로써 궁극적으로는 의식과 무의식의 마음과 심리를 자신 스스로 해석하고 행복하게 작용하는 무의식을 만들어 갈 수 있도록 하는 것이다. 그래서 보편적인 인류의 평화와 행복에 작은 역할이라도 할 수 있으면 좋겠다는 의미에서 심리포럼을 만든 것이다.

인간이면 누구나 똑같이 의식과 무의식, 심리의 원천인 심리유전자를 갖고 태어나서 무의식이 작용하기 때문에 누구나 심리포럼에 참여하여 심리토론을 하도록 하는 것이다. 국가, 민족, 역사, 철학, 사회, 성향 등 어떠한 것에서도 변하지 않는 마음이 작용한다. 그래서 마음이 작용하는 원리를 아는 것은 인간이라면 모두 필요하다.

기억데이터

초등학교에 다니는 8살의 어린 아이를 보자. 이 아이는 태어나서 지금까지 8년 동안을 경험하고 느끼며 살아 왔다. 8년간의 기억데이터를 가지고 인식과 표현을 하면서 살았다. 그래서 누구나 살아온 기억의 데이터를 다르게 갖고 있다. 이 기억의 데이터는 맞고 틀린 것이 없다. 기억의 데이터가 무엇이든 그 사람이 잘못 살아온 것이 아니다. 이 기억의 데이터들은 자신과 주변 사람들을 위해 유용하게 쓰일 수 있는 경험과 지식이다.

그렇기 때문에 심리토론을 통하여 다른 사람들과 기억데이터를 나누는 것이 우리가 추구하고 있는 심리포럼이다. 그 사람이 잘살았든 잘살지 못했든 상관없이 기억의 데이터들을 무의식의 원리에 대입시켜 보면 왜 그렇게 될 수밖에 없었는지 알 수 있고, 어떻게 하면 행복하게 살 수 있는지 알게 된다. 그러면 그 사람은 기억의 데이터가 잘못되었던 것이 아니기 때문에 다른 사람들에게 행복을 줄 수 있는 기억의 데이터가 자랑스러워진다.

그런데 사람들은 자신의 기억데이터에 대하여 창피하게 생각하고 감추려고 한다. 사실은 창피해야 할 것이 아닌데 말이다.

우리는 '하늘은 속일 수 있어도 자신은 속이지 못한다'는 이야기를 많이 한다. 자기 자신을 속이지 않으려면 다른 사람들이 알아도 상관없다고 생각하고 어느 하나도 창피한 것이 아니라는 것을 알아야 한다. 내가 그것을 어떻게 생각하고 있느냐가 중요하다.

사람의 마음과 인간의 마음

우리는 모두 사람이면서 인간이다. 사람이면서 인간이기 때문에 똑같다고 볼 수 있다. 이때 생각과 기억이 자신 혼자 발생하는 것이 아니라 외부의 인식과 표현까지 포괄되면 인간이라 할 수 있겠지만, 이는 그렇지 않다. 외부의 인식과 표현이 어떠한 사물이 아니라 다른 사람일 경우를 인간이라고 한다. 즉 외부가 사람이고 표현되는 대상도 사람이라면, 사람과 사람 간의 관계가 형성되기 때문에 인간으로 작용한다. 이렇게 외부의 대상이 인간인 경우에는 상호 인간의 마음이 작용한다.

지금부터 알아야 될 것이 사람의 마음과 인간의 마음이다. 인간의 마음에서 아프고 힘들다면 어디로 가면 해결할 수 있겠는가? 인간의 마음을 사람의 마음으로 전환하여 해결한 후, 다시 인간관계로 돌아와 정리하면 인간은 행복할 수 있다. 하지만 대부분은 인간관계에서 만들어진 아픔을 인간관계에서 해결하려고 하기 때문에 어렵고 힘든 것이다. 혼자 미친 짓이라도 하면 놀랍게도 자신의 마음이 힐링되는 것을 알 수 있다. 그러나 이내 다른 사람을 만나면 또 힘들어지는 상황이 반복된다.

이처럼 혼자는 힐링이 쉽다. 그 이유는 무의식의 마음에너지를 움직이게 만드는 심리유전자가 자기 행복을 추구하기 때문에 사람일 때는 외부의 정보 중 다른 사람이 필요하지 않고 오롯이 자신만 행복하면 된다. 그러나 인간이면 사람들과 공존해야 되기 때문에 자아실현을 위해 의미와 가치를 추구한다.

왜 사람에서 인간이 되었을 때 아프고 힘든지, 생각이 왜 그렇게 작용되는지 지금부터 심리포럼을 통하여 하나하나 풀어 갈 것이다. 이제 인간과 사람에 관련되어 마음을 알아 갈 것인데, 사실 마음은 사람과 인간이 같다. 마음은 사람과 인간이 같지만 심리, 즉 마음이 작용되는 것은 사람일 때와 인간일 때가 다르다.

결국 사람이든 인간이든 마음의 근원과 무의식은 동일하다. 다만 이것이 작용하는 것은 사람과 인간이 다르다. 또한, 사람마다 의식과 무의식이 존재하는 모습이 다르다. 외부에서 들어오는 인식은 남자든 여자든 사람은 누구나 똑같이 인식한다. 그러나 각자의 의식과 무의식의 작용이 다르기 때문에 기억하는 것이 모두 다르다. 각자 다른 기억들이 인식된 사실을 왜곡한다.

예를 들어 앞에 그림과 글이 있는 컵이 있다고 하자. 뒤에서 보았을 때는 그냥 일반 컵으로만 기억하지만, 앞쪽에서 보았을 때는 컵에 적힌 그림과 글이 보이고, 이를 컵과 같이 기억한다. 이와 같이 같은 컵이 인식되어도 개인에 따라서 기억이 다르다. 즉 관점에 따라 달라진다. 인식되어 들어오는 것은 같지만 관점에 따라 인식되는 것이 달라지고, 각자 다르게 기억한다. 그래서 같은 기억을 하는 사람은 전 세계에 단 한 명도 없다.

무언가 인식될 때 기억된 것과 연결하여 자신이 자각하고 생각하기 때문에 인간의 마음 또한 한 사람도 같은 사람이 없다. 하지만 사람들은 '내 생각이 이러니 상대방도 이럴 것이다'라고 생각하는 큰 오류를 범하며 살고 있다.

예를 들어서 뚱뚱한 사람이 있다고 할 때, 자신이 인식할 때는 뚱뚱한데 어떤 사람은 뚱뚱하게 인식하지 않고 좋게 느낀다면 그 사람은 상대의 장점만 보는 것일 수 있는데, 이는 그 사람의 기억일 뿐, 무의식의 작용은 아니다. 과거에 뚱뚱한 사람으로부터 예쁨을 받았거나, 아빠와 같은 느낌이라 좋은 기억을 갖고 있을 수 있다. 반면에 뚱뚱한 사람한테 맞은 기억이 있는 사람은 뚱뚱한 사람만 보면 스트레스를 받고 힘들어진다. 이런 원리와 같다고 보면 된다.

결국 인식되어 들어오는 건 같지만 각자의 기억이 다르기 때문에 인간의 마음이 전혀 다른 것처럼 느껴지고 기억된다. 전 세계 모든 인간의 마음은 의식과 무의식이 똑같다. 다만 의식에서 느끼는 것은 인식, 표현, 기억 등의 세 가지가 작용한 후 통합되어 느껴지는 것이기 때문에 이것은 각자 개인별로 모두 다르다. 하지만 남녀노소 모두 무의식의 마음에너지가 작용하는 것은 똑같다.

  마음에너지가 작용하는 원리, 방식, 틀, 크기는 모두 동일하다. 그러나 매우 작은 의식이 다르기 때문에 모든 것이 다르게 느껴진다. 따라서 의식의 기준을 무의식에 맞도록 변화하면, 심리전체가 모두 변화한다.

  전 세계의 모든 인간이 똑같은 무의식을 갖고 있다는 사실을 사람들은 받아들이려고 하지 않는다. 사람들은 인간이 각 개인별로 모두 다 다르다면서 바꾸려 하지 않는다. 맞는 말이다. 인간은 모두 다르다. 인식, 표현, 기억 등이 다르기 때문에 의식이 느끼는 것은 모두 다르다. 다른 것처럼 느껴지지만, 그것을 느끼도록 만들어 주는 무의식의 마음에너지는 모두 똑같다.

  각 개인이 느끼는 실체는 의식이다. 결국 의식으로 자각되고 느끼고 해석되는 것이 다를 뿐이지 무의식은 모든 인간에게 똑같이 작용한다.

마음에너지의 작용

  사람들은 모두가 존재하지 않으면서 작용하고 있는 무의식의 마음에너지가 있고, 그 무의식의 마음에너지를 만드는 심리유전자가 있다. 심리유전자는 행복을 추구하도록 무의식의 마음에너지를 만들고, 무의식의 마음에너지에 의해서 의식이 느끼도록 작용하는데, 이 모든 것이

동시에 작용한다. 더욱 놀라운 것은 이 모든 과정이 빛보다 빠른 속도로 작용한다는 것이다. 무의식의 마음에너지가 빛보다 빠른 1초에 약 4,000,000,000,000회(4조 회, 짐작할 수 있는 최소한의 범위)를 작용한다.

이 마음에너지는 모든 사람들이 똑같지만 이 마음에너지가 작용된 후 의식으로 자각하는 것이 다를 뿐이다. 그렇다면 의식할 때 무의식이 작용하는 마음에너지를 심리유전자의 기준에 맞추면 모든 것이 바뀌게 된다. 그동안 힘들고 아팠던 기억들은 모두 자신의 생각기준, 즉 의식기준에 의해서 아팠던 것이다. 이러한 의식기준이 태어나면서 자신이 갖고 있는 심리유전자에 맞게 바뀌면 마음에너지가 생성되어 작용하므로 행복을 느낀다.

모두 똑같이 갖고 있는 마음의 원천기준을 추구한다 하여 모두 똑같이 살게 되는 것은 아니다. 의식이 다르기 때문에 개인별로 모두 다르다. 똑같은 사람은 단 한명도 없다.

예를 들어 나는 펜을 가지고 노는 걸 기억하고 상대는 핸드폰 가지고 노는 것을 기억한다고 해 보자. 이때 무의식이 작용되면 나는 펜을 가지고 놀면 행복하지만, 상대는 핸드폰을 가지고 놀면 행복하다. 이와 같이 서로가 행복을 추구하는 것은 다르다.

이렇듯 사람마다 모두 틀리다. 개인마다 기억되는 것이 다르기 때문에 그 사람이 행복을 느끼며 살아가는 것도 모두 다르다. 다만 행복을 느끼는 '생각'은 똑같다. 내가 무엇을 하더라도 내가 참 잘 살아왔구나, 그리고 앞으로 살아가면서 자갈밭에 돌멩이 하나에 불과하지만 그래도 이 돌멩이 하나로 내가 참 잘 살아왔다는 걸 알게 되는 것이다.

이는 아이들도 똑같이 느낀다. 그래서 아이가 어떤 연예인을 좋아한

다는 것은 의식에 의해서 그 연예〔
식으로 바꾼다면 행복이 달라질 수 〔
이가 연예인을 보고 좋아하는 것은 의〔
다. 아이가 연예인을 보면서 행복함을 〔
행복이다. 어른들은 그것을 보면서 '진짜 〔
안 되는데…'라고 생각할 수 있다. 하지만 그
의 생각에서는 행복이다. 그런데 아이에게 무〔
보면서 왜 행복한지의 원리를 설명해 주면 왜 〔
수밖에 없었는지 해석하면서 아이 스스로가 달라
음에너지를 만드는 심리유전자 때문이다.

  희로애락은 의식으로 느끼지만, 무의식의 마음에너〔
의식에서 자각되고 느낀다. 반드시 무의식이 작용해야만
진다.

맑고 깨끗한 영혼

  사람들은 '영(靈)'이 맑다는 말을 한다. 전 세계 모든 사람의 영(靈)은 맑다. 인간은 태어날 때부터 선한 사람도 악한 사람도 없다. 의식도 무의식도 없고 인식, 표현, 기억도 못한 채 태어나는 순간부터 인식하고 표

한 무의식과 의식이 끊임없이 작

나는 과거의 기억을 현재의 의식으로
할 수 있다. 기억상실증 환자들이 기억을
게 제일 먼저 묻는 말이 "나는 누군가요?"

영(靈)이 맑지만, 성장하면서 주변 환경에 의
회사, 친구 등에 의하여 의식됨으로써 영(靈)이
가 하는 생각을 한다. 그러나 영(靈)은 절대 더렵혀
때부터 죽을 때까지 한순간도 쉬지 않고 1초에 4조
작용하고 있다. 변하지 않고 작용하기 때문에 더렵혀
않는다.
에 의하여 자신이 가진 영(靈)의 기준이 바뀔 수 있다고 생
는 영(靈)이 아니라 기억이다. 기억을 느끼는 것이 다를 뿐
었던 것을 기억하고 느끼고 말과 행동과 표정으로 표현하는 식
용되는 것뿐이지 무의식을 작용하도록 하는 심리유전자가 잘못
이 아니다. 심리유전자는 항상 똑같이 작용한다. 다만 다르게 인식
, 다르게 표현되고, 다르게 기억된다.

이처럼 영(靈)에 의하여 작용하는 무의식은 맑고 깨끗한 마음에너지이다. 그래서 이 깨끗한 마음에너지를 기억할 때 의식이 자각할 때 어떻게 사용하느냐에 따라서 그 사람의 희로애락과 삶의 의미와 인생의 가치가 달라진다.

마음의 원천인 심리유전자가 작용하면 마음에너지가 생성되고 무의

식이 작용한다. 무의식의 마음에너지가 의식으로 인식된 것, 기억된 것, 표현하는 것을 통합하여 느끼라고 신호를 보낸다. 그래서 인간은 인식되는 것과 기억되는 것을 느끼고 표현한다.

이처럼 심리유전자와 무의식이 작용되는 것은 모두가 똑같다. 마음의 원천인 심리유전자를 '영(靈)'이라 일컫고, 영(靈)에 의해서 만들어지는 무의식을 '혼(魂)'이라 일컬으며, 의식에서 느껴지는 다섯 개의 감각기관과 말과 행동과 표정에 관련된 몸에서 느껴지는 것을 '육체(肉體)'라 한다. 이를 영(靈), 혼(魂), 육(肉)으로 생각하면 된다.

그렇다면 영(靈)은 변할까? 그렇지 않다, 태어나서 죽을 때까지 영(靈)과 영(靈)에 의해서 작용되는 무의식(無意識)은 변하지 않는다. 변하는 것은 의식으로서 기억과 느낌의 차이일 뿐이다. 느낌을 느끼면서 표현하는 게 달라질 뿐이다.

따라서 비행청소년이나 범죄를 저지른 청소년들에게 마음의 작용원리와 이치, 그리고 나타나는 현상에 대해서 몇 가지만 알려 주면, 그 청소년들은 자신이 잘못된 것이 아니라는 것을 스스로가 자각하는 순간부터 마음이 변화하기 시작한다.

그 청소년들은 마음에너지의 원천인 심리유전자를 갖고 있기 때문에 맑고 깨끗한 영혼(靈魂)을 갖고 있다는 것을 스스로가 깨닫게 된다. 그러나 개념적인 것부터 알려 주면 처음에는 받아들이려고 하지 않는다. 따라서 개념적인 것보다는 나타나는 현상을 중심으로 마음의 작용원리와 이치를 설명하고 알려 주면 된다.

의식의 왜곡과 이해

저자는 사람들에게 자주 묻는다. "여러분들은 마음이 있습니까?" 그런 후에 마음이 있는지 없는지, 그 마음이 왜 필요한지, 부모님과 선생님들이 왜 갈등과 대립하면서 마음이 아프고 힘든지, 왜 그러한 마음이 형성되고 작용하는지 등을 알려 준다.

부모님과 선생님도 여러분과 같이 마음의 근원과 이치를 몰랐을 뿐이다. 그렇다면 누구의 잘못인가? 여러분의 잘못도 부모님의 잘못도 아니다 부모님이 여러분만 미워하고 싫어하는 줄로만 알았지 마음의 근원이 작용하고 있다고는 상상도 못 한 것을 저절로 알고 깨닫게 된다.

또한 학부모들에게 자주 묻는 질문이 있다. 자신의 자녀들처럼 어렸을 때 어떠했는지 생각해 보면, 공부도 그렇게 잘하지 못했고, 잔소리도 많이 듣고, 혼도 많이 났을 것이다. 그렇게 수십 년을 살아 보니 더 나은 삶을 알 수 있게 되었고, 기왕이면 자신의 아이에게 더 나은 삶을 살아갈 수 있도록 하고 있을 것이다. 결국은 자신의 아이들을 자신처럼 만들고 있을 뿐이고, 학부모의 욕심 때문에 그 아이들의 마음을 통제함으로써 힘들게 하는 것이 학부모이다.

그 아이가 공부를 못하는 게 아니라 학부모가 공부를 못하게 만들고 있는 셈이다. 학부모가 부모님께 이렇게 저렇게 만들어졌듯이 학부모 자신이 아이들에게 그대로 실행하고 있으니 아이들은 학부모와 똑같이 그렇게 되어 간다. 만일 성장과정에서 가출하고 방황하였다면, 아이들을

집 밖으로 내모는 꼴이다.

왜 그럴까?
자기 자신의 의식은 아니라고 생각하는데, 마음이 작용하는 원리를 모르기 때문에 자기도 모르게 그렇게 계속 의식하고 생각하면서 왜곡하는 것이다. 즉 이해를 전혀 못한 채 오해를 하면서 살고 있기 때문이다.

생각기준의 변화

변화를 위하여 기억을 바꾸거나 없앨 수는 없다. 그렇다면 어떻게 해야 되는 것일까? 처음부터 100을 0으로 바꿀 수는 없다. 시행착오를 반복하면서 점점 줄여나가는 것이 필요하다. 노력하며 점점 나를 바꿔 가면서 시행착오를 겪을 수는 있다. '예전에 나는 이랬었는데 그래도 이만큼 왔어' 하며 변화를 인식하고, 마음의 원리를 다시 한 번 생각하고 노력하고 또 노력하다 보면 나도 모르는 사이에 내가 변한다.

무의식의 작용원리를 알면 아이가 신경질을 내고 화를 내도 그 아이의 마음이 작용하는 것이 이해되고 밉지 않다. 바로 이렇게 마음의 작용원리를 정확히 아는 것이 '이해'이다. 정확하게 안다면 자신에게 스트레스와 상처가 생기지 않는다. 즉 정확하게 아는 것만으로도 자신에게는 힐링이다.

　스트레스와 상처가 생기는 것은 자신의 생각으로 빠져들어 가기 때문이다. 즉 자신의 기준, 느끼는 기준이 상대와 다르면 스트레스와 상처가 되는 것이다. 자기기준을 바꾸고 싶으면 인간관계에 연관하지 말고 인식되는 대상에 사람 이외의 것을 적용하여 정반대로 실행하면 좋다.

　예를 들어 오렌지를 싫어한다면 오렌지만 먹어 보는 거다. 인간관계를 빼놓고 오로지 나, 나의 몸과 마음과 성(性)을 통하여 내가 제일 싫어하는 것을 하다 보면 놀랍게도 나의 기준이 바뀌게 된다. 그렇게 되면 내가 보는 상대의 기준도 바뀌게 되면서 인간관계도 바뀌게 된다. 나의 기준인 마음이 달라졌기 때문이다.

　평소 청소하기를 싫어한다면, 집에 들어오자마자 일단 쓸고 닦고, 정리부터 하는 것이 필요하다. 평소 지각을 자주한다면, 시계를 맞춰 놓고 수단과 방법을 가리지 않고 무조건 일어나서 가려고 하다 보면 언젠간 나의 기준이 된다. 그렇게 되면 기존에 내가 갖고 있던, 내가 잘하던 기준에 더하여 하기 싫은 새로운 기준이 들어오면서 두 가지 기준 모두 내 기준이 되고, 두 가지 모두 잘할 수 있게 된다. 즉 내 기준에 또 다른 기준이 만들어지면서 포용력이 생기는 것이다. 그래서 마음의 여유가 생긴다.

　누군가가 여러분에게 청소하라고 훈계해도 여러분은 청소를 잘 할 수도, 안 할 수도 있는 사람이기 때문에 스트레스나 상처가 발생하지 않는다. 보통의 경우에는 '그 사람이 나를 미워하나 봐', 혹은 '나는 남들보다 못하나 봐' 하면서 상대를 미워하게 되거나 자책하게 된다. 하지만 그 사람 또는 내 기준이 잘못된 것이 아니고 하나의 기준이 더 필요한 것뿐이다.

이때 싫지도 않고 좋지도 않은 애매한 기준들은 내가 이렇게 해도 그만, 안 해도 그만인 것들이라 할 수 있는데, 이는 자신에게 영향을 미치지 않기 때문에 그냥 두어도 된다. 그런데 싫고 좋은 감정을 유발하는 것들은 자신의 마음에 영향을 미친다.

예를 들어 커피를 좋아하고 오렌지를 싫어한다면, 커피는 잠시 보류해 두고, 싫어도 열심히 오렌지를 먹는다. 그러다 보면 오렌지가 점점 익숙해지고 오렌지가 좋아진다. 그러면 잠시 보류해 두었던 커피는 어떨까? 여전히 커피도 좋아하는 상태 그대로이다. 즉 커피도 좋아하고 오렌지도 좋아하게 된다. 상대가 커피를 마시자 해도, 오렌지를 먹자고 해도 다 함께할 수 있는 포용력과 여유가 생기기 때문에 대인관계 역시 광범위해진다.

만일 한 사람을 늘 다른 사람들과 같이 만났었고 단 둘이 만난 적이 없다고 할 때, 그 사람과 단 둘이 만나는 것에 대하여 생각해 볼 수 있다. 이때는 만나는 사람에 대하여 의미와 관심을 가진 사람으로 대할 것인지, 아니면 나를 즐겁게 해 주는 도구 또는 사물에 불과한 것으로 대할지 생각해야 한다. 인간관계로 형성할 것이냐, 아니면 그저 사람으로서 거리를 둘 것이냐를 결정해야 하는 것이다. 만일 만나는 상대가 개인적인 인간관계가 포함되어 있다면 인간으로 돌아가기 전까지는 단 둘이 만나서는 안 된다. 즉 새로운 인간관계가 형성될 수 있다.

노래를 잘하는 사람이라면 나에게는 노래만 필요한 것뿐이지 노래하는 사람의 마음이 필요해서는 안 된다. 즉 마음이 연결되는 관계가 형성되면 안 된다.

이처럼 일단 인간관계를 배제해 놓고 내가 싫어하는 걸 실행하는 것이다. 이 실행이 잘 안 되면 자기의 패널티 또는 로열티를 자신이 만들어서 어떻게든 하려고 노력하다 보면 내가 청소를 안 해도 편해지고, 청소를 해도 편안해진다. 이런 식으로 자신의 기준을 몇 가지씩 늘려 간다면 그만큼 마음에 여유가 생긴다.

그러나 대부분의 사람들은 자신이 좋아하는 것만 하려고 한다. 상대가 싫어할 수도 있다는 것을 모른다. 이때 자신의 기준을 버리라는 것이 아니라, 다양화시키라는 것이다. 다양화로 여러 기준을 갖게 되면 오픈마인드가 되는 것이다. 그러면 놀라운 현상이 생긴다. 누군가의 집에 놀러 갔을 때, 청소가 되어 있지 않아도 깔끔히 청소가 되어 있어도 괜찮게 되면서 선입견이 사라진다. 결국 내 주변의 아프고 힘든 사람은 힐링되고, 즐거운 사람은 더 즐거워지고 행복해진다.

생각기준의 다양화

성직자는 마음에 욕심이 없고 모든 걸 다 알고 이해해서 영(靈)이 맑은 것이 아니다. 어차피 모든 사람은 영(靈)이 맑은 채로 태어나서 죽을 때까지 맑은데, 다른 환경에서 살아오고, 다르게 이해하는 그 사람의 기억이 다를 뿐이다.

따라서 영(靈)이 탁하다는 것은 의식에 대한 생각이 점점 강해지면서 무의식에서 작용되는 마음에너지가 의식의 생각으로 자각되는 것에 문제가 발생하는 것이며, 자신의 기준이 무의식과 가까워질수록 영(靈)이 맑은 것을 느낄 수 있게 된다.

성직자들은 자신의 기준이 많다. 성직자들은 이 사람의 기준도, 저 사람의 기준도 틀린 게 아닌 다 같은 기준이 된다. 이에 따라서 성직자들은 인간사회에서는 살아가기에는 어려움이 많은 사람들이라고도 볼 수 있다.

예를 들어 저자가 현재 유명하신 법륜스님에 대해서 자주 하는 말이 있다. 법륜스님은 훌륭한 분이고 훌륭한 말씀을 많이 하지만, 심리적 관점에서 보면 인간이 살아가는 인간사회에서 '사람'의 이야기를 하고 있다.

그래서 법륜스님의 강연을 들을 때는 모두가 '사람'이기 때문에 훌륭한 말씀으로 받아들이지만 강연이 끝나고 일상생활로 돌아가면 자녀, 배우자, 친구, 지인, 직장생활 등의 인간관계로 돌아가는데 그 안에서는 사람으로만 살아갈 수 없기 때문에 다시 힘들어지고 상처받는다.

생각기준과 자유

인간에게 자유란 무엇인가?
인간은 자유로울 수 있는가?

이때 내 기준이 얼마만큼 있느냐에 따라서 내가 자유로워진다. 기준을 하나만 가지고 있는 사람은 하나의 기준에 맞도록 자유를 억압해야 하고, 기준을 두 개 가진 사람은 두 개만큼, 세 개를 가진 사람은 세 개만큼의 자유를 느낀다. 그래서 자기 기준이 무섭고 중요한 것이다.

그런데 기준을 만들면서 사람들은 마치 자신이 변화되어 과거가 없어질 것처럼 느끼기 때문에 기준을 만들 때 못견뎌하고 두려워한다. 기준을 만드는 시간이 소요되고 노력할수록 불편하기도 하지만, 기준이 하나 새롭게 만들어지면 마음이 풍요로워질 거라고는 상상도 못 했기 때문에 기준을 만들어 가는 재미와 즐거움을 가지는 것이 중요하다.

그렇게 기준 하나를 만들면 그 다음에 또 하나를 만드는 것은 어렵지 않다. 그 기준이 늘어나면 늘어날수록 내 영혼(靈魂), 내 의식, 내 무의식이 점점 더 자유로워진다. 그리고 내 주변이 다 행복해진다. 그것이 자유다.

자신의 기준을 새롭게 만들면 표현이 변하기 때문에 다른 사람들이 볼 때는 변한 것을 알고 느낀다. 즉 자신이 변화하면 다른 사람들에게는 저절로 보인다. 그러나 변화된 자신은 마치 예전부터 가지고 있었던 자신이라고 생각한다.

　새로운 기준이 내 것이 되면, 이미 기억이 되고 있고 느끼기 때문에 자신의 생각에서는 예전부터 같았다고 느껴진다. 그런데 주변 사람들이 볼 때에는 나에게 없던 것이 생겼으니 이상하게 보지만, 싫지 않고 좋아한다.

기존 상담과 강연의 문제와 해결

　기존의 심리상담사 또는 전문가들이 상담했을 때 치료가 되는 사람도 있다. 많은 'n' 중에 '1'에 해당되면 치료된다. 어떤 것들은 인식을 통하여 기억되었던 것들이 무의식의 마음에너지와 우연히 연결되면 치료될 수도 있다. 결국은 무의식의 'n'을 모르는 상태에서 심리치료를 하면 실패의 확률이 매우 높아진다. 성공의 확률은 '1/n'이기 때문이다.

　TV나 강연에서 많은 유명인들이 인간의 마음원리와 이치를 알지 못한 채 강연을 많이 할수록 사람들은 인간관계에서 더 많은 갈등과 불화가 생길 수밖에 없다. 산후우울증과 같은 심리장애는 과거에 거의 없었다. 그런데 세월이 지날수록 산후우울증을 겪는 사람이 많아지는 이유는 보고 들었던 기억은 많은데 실제로 자신이 느끼는 것과 다르기 때문에 임신과 출산의 과정에서 우울증이 발생하는 것이다.

이때 이 기억은 TV나 방송, 언론매체, 지식 등에 의하여 만들어진다. 올바른 것을 알아야 진정한 자기기준이 만들어진다. 하지만 마음에 대해 의식과 무의식 중 의식만 알고 있는 학자나 전문가가 방송에 나와서 토론하는 것을 보고 있으면 '저러면 안 된다'는 생각이 저절로 들 수밖에 없다.

이 심리포럼을 통하여 그런 추상화되어 있는 마음과 심리의 작용에 대하여 도표로 도식화해 정확하게 이해하도록 알려 준다. 여러분의 자기기준을 바꾸라는 것이 아니라 새로운 기준을 만들어서 기존의 기준을 더욱 강화시켜 가는 것이다.

이 기준을 얼마만큼 갖고 있느냐에 따라서 전문가의 능력이 좌우된다. 현재 상담사들이나 학자들을 보면 지식으로 만들어진 자신의 기준 하나뿐이다. 그렇기 때문에 'n' 중에 '1'만 치료되는 것이고 치료확률은 $1/n$이 되는 것이다. 능력을 가진 전문가가 되면 자신의 기준이 많아지면서 내담자에게 맞는 기준으로 적용하면서 내담자를 치료한다. 그 이유는 기준점이 그 사람의 생각과 마음의 기준이기 때문이다.

당신이 틀린 것이 아니고, 잘못 알아 온 것이 아니며, 당신의 기준이 잘못된 것이 아니다. 행복해질 수 있는 기준을 만들면 된다. 그러나 사람들은 새로운 기준을 만들면 기존의 기준이 없어지는 것으로 오해한다. 마음의 기준을 하나 더 만들면 기존의 기준이 없어지는 것이 아니라 마음의 기준이 두 개가 되는 것이고, 한 번 만드는 방법을 알면 두 개, 세 개 만드는 것은 점점 쉬워진다.

그렇다고 기준을 만들 때 직접 다 경험하고 겪으면서 만들 필요는 없지만, 기준을 만드는 원리와 방법은 말과 행동과 표정을 통하여 실천하는 것이 가장 빠르다. 표현하면서 매일 느끼고 생각하는 기준이 마음의 기준이기 때문이다. 자신이 직접 자각하고 느끼는 것이 중요하고, 간접 경험이라도 직접적으로 느끼듯이 자신이 그 느낌을 느껴야 한다.

예를 들어 다른 사람들이 아버지가 돌아가셨을 때 어떻게 슬프고 아픈지, 내 아버지는 지금 살아계시지만 이렇게 고통스럽고 아플 거라는 걸 한번 느껴 보고 잊지 않고 상기시켜 보고, 듣고 상기시켜 보고 하다 보면 나도 모르는 사이에 그 느낌을 만들 수 있다. 즉 상황이나 환경에 노출되어 자기 생각을 지속적으로 노출시키는 것이다. 대부분은 아버지에 대한 죄책감 때문에 노출을 안 하려고 한다. 그리고 느낌을 잊어버린다. 그렇게 해서는 백 번을 노력해도 마음의 기준은 만들어지지 않는다.

마음에너지의 크기

사람들을 만나다 보면 누군가는 마음에너지가 작거나 큰 '아우라(Aura)'가 느껴지는데, 이 차이는 그 사람의 기억데이터의 차이 때문이다. 기억의 깊이가 있다고 볼 때, 상처의 깊이가 10만큼 깊은 사람이 있고, 90만큼 깊은 사람이 있고 한다면 이것을 자각하고 느끼려면 얼마만큼의 마음에너지가 필요할까? 10만큼 깊이의 상처를 가진 사람은 10만큼의 마음에너지만 있으면 되지만 90만큼 깊이의 상처를 가진 사람은

90만큼의 마음에너지가 필요하다. 이 마음에너지는 부정의 방향도 긍정의 방향도 없다.

따라서 10만큼의 마음에너지가 작용하는 사람은 행복의 감정이 아무리 커도 10을 넘지 못하고, 90만큼의 마음에너지가 작용하는 사람은 아프고 고통스러운 90만큼 행복의 감정을 느낄 수 있는 마음에너지가 작용하는 것이다.

마음에너지의 크기는 그 사람이 갖고 있는 실패와 상처, 고통의 크기와 같다. 또한 그 사람이 앞으로 느끼게 될 행복의 크기와도 같다. 상처의 깊이가 깊은 사람은 그만큼 행복해질 수 있기 때문에 좋다고 볼 수도 있다. 90만큼의 마음에너지를 가지고 있는 사람은 10만큼의 마음에너지를 가진 사람들을 이끌어 줄 수 있고, 치유할 수 있으며, 행복을 만들어 줄 수 있다. 90만큼의 행복을 가진 사람 옆에만 있어도 행복해질 수 있기 때문이다.

예를 들어 양동이에 물을 한가득 가지고 있는 사람은 물 한 모금으로도 행복한 사람들이 주변으로 모여든다. 양동이의 물을 가진 사람의 곁에 있으면 다른 곳에 가서 물을 달라 애걸복걸할 필요가 없다. 결국 마음에너지가 큰 사람의 주변에 모인 사람들은 저절로 행복해진다. 그렇다면 과연 10만큼 행복한 것이 좋은 것인가? 90만큼 행복한 것이 좋은 것인가? 결국 느끼는 마음에너지의 크기가 다를 뿐이지 행복을 자각하는 건 똑같기 때문에 좋다 또는 나쁘다고 판단할 문제가 아니다.

풍선효과와 마음에너지

그림을 배울 때 관찰을 깊이 인식하는 것을 늘리는 것부터 배우는데, 이때 인식하는 의식이 많아지다 보면 그만큼 움직이는 무의식이 커지는 것이 아니다. 다만 하나를 인식할 때 쓰는 마음에너지와 두 개를 인식할 때 쓰는 마음에너지가 다르다. 두 개를 인식할 때는 무의식이 두 번 작용한다. 결국 마음에너지가 많아지면 무의식의 작용이 많아지기 때문에 말과 행동과 표정의 표현도 많아진다.

마음에너지가 많은 것은 그만큼 인식도 많아야 하고 표현도 많아야 하는데 인식과 표현이 조절되지 않으면 마음에 문제가 발생하면서 마음에너지가 편중되어 작용한다. 따라서 마음에너지가 인식 또는 표현 중 어느 방향으로 편중되느냐에 따라서 마음의 문제 또는 장애가 발생한다.

그러면 무의식은 저절로 마음에너지가 한 방향으로 편중되는 것을 바로잡기 위하여 작용하게 되는데, 의식이 이를 알지 못하고 억압 또는 강박이 발생한다.

결국 의식적으로 인식하는 것을 억압하여 누르면 표현으로 터지게 되고, 이것이 바로 상처가 된다. 또한, 의식적으로 표현하고자 하는 강박이 발생되어 표현을 억압하고 누르면 인식에서 문제가 발생하게 되고, 이것이 스트레스이다.

이와 같이 어느 한 방향을 누르면 다른 반대 방향으로 편중되고, 양쪽을 모두 누르면 터지게 된다. 이것을 '풍선효과'라고 한다.

결국 무의식이 작용하는 마음에너지가 커질수록 무의식이 강화되면서 의식이 처리하는 것이 많아지게 되면서 스트레스를 느끼게 되고, 상처를 기억하게 된다.

선생님과 학생의 기분

선생님이 학생들을 가르치다 보면 같은 상황에서도 어떤 학생은 기분이 나쁘지 않지만 다른 학생은 괜히 기분이 나쁘다고 단어, 행동, 표정 등으로 표현하는 차이가 발생할 수 있다. 이는 선생님과 학생의 각 개인마다의 기억 차이이다. 각자의 기억된 것에 무의식이 작용하여 어떻게 자각되느냐, 즉 어떻게 느껴지느냐가 다르기 때문이다.

작은 것에도 짜증내는 학생은 선생님이 조금만 뭐라고 해도 짜증낸다. 반면 짜증냈을 때마다 선생님에게 혼났던 학생은 선생님이 뭐라고 말해도 말 한 마디 하지 않고 가만히 있을 수도 있고, 오히려 반발할 수도 있다.

하지만 이런 학생들은 상대가 만만하다고 생각되면 화를 내거나 폭력적인 현상을 나타낼 수 있다. 생각보다 먼저 말과 행동이 작용한다. 그동안 억압되어 있던 것들을 기억이 느끼고 무의식이 작용한다.

그렇다면 말썽 한 번 안 피우고 착한 아이들이라고 과연 좋은 마음을 갖고 있을까? 학생이 학생답지 않으면 훗날 성인이 되었을 때는 자신의 마음을 감당할 수 없게 될 가능성이 높다.

그래서 학생들이 짜증내더라도 웃으면서 잘 타일러 주고, 혼내야 할 때는 정확한 이유와 원리에 의하여 혼을 내 주고, 이내 웃으면서 마음을 힐링해 주면 학생들은 자신의 말과 행동이 잘못된 것임을 기억하게 된다. 그러나 무조건 잘못했다고 혼내기만 한다면 학생들은 그 상황을 안 좋은 것으로만 기억한다.

어른들의 경우에 학생들이 참는 것과 같이 힘들고 어렵지만 참으면서 웃는 경우가 있는데, 이것도 똑같이 그 사람 속에 상처가 많다고 할 수 있다. 의식으로서 똑같다. 그 사람은 스트레스 또는 상처를 어디선가 해소 또는 치료를 하지 않으면 궁극에는 견디지 못한다. 무의식이 항상 기억을 감시하고 있다고 생각하면 된다.

이처럼 무의식의 원리를 정확하게 공부하다 보면 사람들의 모습만으로도 마음을 해석할 수 있게 되는데, 이는 표현이 왜 그렇게 작용되는지 원리를 알 수 있기 때문에 어렵지 않다.

무의식과 습관

습관은 실제 있었던 의식의 현상을 반복하는 것이라 생각해 볼 수 있다. 똑같은 현상에서 계속 느낌이 반복되면 어느 순간에는 느낌도 없이 계속 반복하는데, 이것을 습관이라고 한다. 의식하지 않는 무의식으로 볼 때, 예전 개념에서는 무의식이 맞지만 자기도 모르게 하는 습관일 뿐이고 무의식으로 작용하고 있지만, 무의식의 실체는 마음에너지이다.

그림을 배울 때에 기준을 하나만 보다가 점차 수를 늘려 열 개를 한꺼번에 보는 연습을 하게 되는데, 처음에는 이를 의식하면서 노력하고 생각하니 스트레스가 생기지만, 그것이 습관이 됐을 때는 더 이상 스트레스로 작용하지 않고 열 개를 볼 수 있는 습관이 형성된다. 이것이 개인의 능력이다. 즉 습관이 만들어지는 기준이기 때문에 습관을 만드는 만큼 개인의 능력이 생기는 것이다.

느낌은 생각이고 마음이고 의식이기 때문에 반복되면 자신도 모르게 습관으로 작용한다. 의식하지는 않지만 습관으로 작용되면서 저절로 느껴지는 것을 능력이라고 한다. 다른 사람들은 하나만 보는데 나는 열 개, 스무 개를 한꺼번에 볼 수 있는 능력이다. 즉 능력은 그 사람의 습관이 얼마만큼 많고, 어떻게 작용되고 있느냐를 보면 된다.

아이들의 관점에서 볼 때, 태어날 때부터 마음의 원천은 모두가 동일하지만 아이에게 습관을 많이 만들어 줄수록 훗날 좋다. 인간은 태어날 때부터 죽는 날까지 습관을 만들어 간다. 그런데, 부모의 입장에서는 아이에게 하나하나 다 알려 주면서 잔소리를 많이 하게 되는데, 잔소리를 하지 않고도 습관을 만들어 줄 수 있는 방법이 바로 마음과 심리의 원리이고 이치이다. 아이가 자연스럽게 습관을 만들어 갈 수밖에 없도록 만들어 주는 것이 좋다.

앞으로 여러분이 심리포럼을 통하여 배우겠지만, 무의식의 마음에너지가 남자아이와 여자아이가 다르게 작용하기 때문에 자각해서 느끼는 것도 다르다. 그래서 남자와 여자의 무의식 작용에 맞는 습관을 만드는 것, 이것이 심리치료의 방법이다. 실제로 아이가 자기 습관을 자연스럽게 형성하게 하려면 그 아이가 그렇게 갈 수밖에 없도록 만들면 된다. 이것이 무의식의 원리이다.

어렸을 때부터 엄마가 청소를 다 해 줘서 청소를 해 본 경험이 별로 없다면, 성인이 되어 엄마로부터 독립하였을 때 청소하는 습관이 만들어져 있지 않기 때문에 청소하는 것이 힘들어진다. 이때도 남자와 여자의 차이가 있다. 여자는 무의식의 감정이 작용하기 때문에 사랑하는 남자가 깨끗한 걸 좋아한다면 쓸고 닦는 힘이 생긴다. 그런데 만약 그 남자와 헤어지면서 상처받고 관계가 악화되면 청소라는 자체가 상처로 작용한다. 이러한 장단점이 있다. 그래서 이러한 습관을 만드는 것에 대해서는 앞으로 심리포럼을 통하여 논할 예정이다.

좋은 습관과 나쁜 습관

습관은 좋은 습관과 나쁜 습관이 따로 없다. 습관은 자신이 활용하기에 달려 있다. 자신의 습관이 하나만 갖고 있는 줄 모르고 상대에게 옳다 그르다 따지는 격이다. 만약 기준이 여러 개인 사람과 기준이 하나인 사람이 싸운다면 누가 이길 것 같은가? 기준이 하나인 사람이 무조건 이긴다. 기준이 하나인 사람들은 오롯이 자신의 하나인 기준에 맞아야만 하기 때문이다. 그래서 기준이 여러 개인 사람이 맞춰 주고 져 줄 수밖에 없다.

이에 따라서 하나의 기준만을 갖고 있는 사람 곁에는 오롯이 그 하나에 맞춰 주는 사람들만 있다. 그 이유는 그 사람의 하나가 필요한 사람들이기 때문이다. 필요에 의해서 만나는 목적관계로만 사람들이 존재한다. 이때 그 사람이 정작 무언가를 간절히 필요로 할 때, 주변 사람들은 다 떠난다. 이렇게 인간관계는 무서운 것이다. 그래서 인간관계를 차단하고 좋은 것 나쁜 것을 생각하지 말고 내 기준을 하나씩 만들어야 한다. 이것이 힐링의 가장 좋은 방법이다.

좋다 나쁘다는 것은 자신의 행복기준에서 결정되는데, 이는 마음의 원천인 심리유전자에서 만들어지는 마음에너지의 방향에 따라 결정되기 때문에 기준이 좋고 나쁘고를 결정하면 안 된다. 자신에게는 나빠 보일지 몰라도 그것이 큰 마음에너지를 작용하게 하는 결정적인 역할을 하게 될지도 모른다. 그러기 위해서는 우선적으로 주변의 인간관계를 차단시켜야 한다. 내 주변에 인간관계가 연결되어 얽혀 있으면 자신을 찾아 가는 것이 힘들어진다.

그러나 사람으로서 새롭게 자신의 기준을 여러 개 만든 후 인간관계로 돌아가면 이전의 인간관계와는 다르게 인간관계가 풍요로워진다. 대부분의 사람들은 풍요로움이 아닐지도 모른다는 생각 때문에 계속 현실의 인간관계에서 벗어나지 못한 채 힘들게 살아간다. 그래서 자신뿐만 아니라 주변 사람도 힘들어진다. 기준을 만들 때 알아야 하는 것은 자신이 가진 것을 버리는 것이 아니라 하나를 얻는다는 것이다.

습관은 의식에 존재하는 느낌인데 느끼지 못하고 존재하고 있는 것이다. 기존의 학자들은 이 습관을 의식이 느끼지 못한다고 하여 무의식이라 했다.

반면 저자의 새로운 무의식은 존재하고 있지 않는 마음에너지의 작용이고, 습관은 마음에너지의 의하여 작용되는 패턴으로 존재하고 있다. 습관을 이해할 때, 껍데기 또는 틀을 생각하면 쉽다. 틀 안에 물을 담으면 물이 느껴지지만 다음엔 물이 담길지, 콜라가 담길지 알 수 없다. 이때 똑같은 틀 또는 패턴을 습관이라고 한다. 의식과 무의식이 어떻게 작용되는지에 대하여 앞으로 심리포럼을 통하여 하나씩 규명해 나갈 것이다.

PART 02
심리포럼

사람과 인간

일시: 2015년 11월 08일 (일요일)

김범영(51, 남, 심리포럼 회장, 논제발표)
박비현(33, 여, 심리포럼 사무국장)
김미경(49, 여, 당곡고등학교)
이현우(49, 남, 삼성화재)
남은임(34, 여, 강사)
강채영(26, 여, 양주 덕정초등학교)

사람과 인간

우리는 사람이라 말할 때가 있고, 인간이라 말할 때가 있다. 그러나 대부분의 사람들은 사람과 인간을 정확하게 구별하지 못한다. 그렇다면 사람과 인간은 어떻게 다를까? 우선 사람도 인간도 같다. 사람과 인간은 같기 때문에 혼돈된다.

사람과 인간에게는 마음인 생각이 존재하고, 마음이 작용하는 심리에 의하여 사람과 인간을 구분할 수 있다. 사람에게도 마음이 있고 심리가 있다. 또한 인간에게도 마음이 있고 심리가 있다. 이렇듯 마음과 심리가 함께 존재하다 보니 대부분의 사람들이 사람과 인간을 동일하게 생각한다. 그러나 마음은 사람과 인간이 동일하지만, 마음의 작용인 심리는 사람과 인간이 다르다.

사람은 각각의 개별이면서 독립적인 존재이다. 개별의 독립적인 사람과 사람이 상호 관계를 갖게 되면 인간이라고 한다. A라는 사람과 B라는 사람이 상호 관계를 갖게 될 때, A라는 인간과 B라는 인간으로 볼 수 있다. 그래서 인간이라는 말은 A라는 사람과 B라는 사람이 서로의 심리가 상호작용을 하고 있다는 것이다. 즉 A라는 사람이 사람일 경우에는 사람의 마음과 심리를 갖고 있고, A라는 사람이 다른 사람과 심리가 상호작용을 할 경우에는 인간의 마음과 심리를 가진다.

여러분은 사람인가 아니면 인간인가? 한번 생각해 보자. 여러분은 현재 사람이면서 인간이다. 아이들 역시 엄마와 반응하면서 엄마와 자식의 관계인 인간관계가 형성되어 있다. 저자가 이야기를 하는 것에 여러분이 고개를 끄덕이며 반응한다면 저자와 여러분의 관계가 형성되었고, 저자와 여러분은 상호 관계를 갖게 되면서 인간이다. 따라서 현재 우리는 모두 각 개인별로는 사람이지만, 상호관계에서는 인간이다.

예를 들어 버스나 지하철에서 각 개인별로 모두 스마트폰을 하느라 정신이 없다면, 그때는 각 개인이 독립적인 객체로서의 사람만 존재한다. 만약 누군가가 발을 밟거나 밀치면서 서로의 반응을 주고받으면 그 순간은 인간이 된다. 이와 같이 사람과 인간은 항시 수시로 전환하기 때문에 사람과 인간을 구분하기가 어려웠다.

사람과 인간의 마음

사람일 때와 인간일 때의 마음과 심리가 어떻게 작용하는지 알아보자.

마음은 생각으로써 외부정보를 인식하여 느끼면서 자각하고, 기억에서 자각한 것과 비교하며, 생각을 외부로 표현한다. 이때 인식과 표현하는 외부의 대상과 기억의 대상이 사람이 아니라면 오롯이 자신 혼자만의 사람으로 존재한다. 이렇듯 마음이 인식, 표현, 기억과 함께 작용하는 심리에서 다른 사람이 작용하지 않을 때는 사람으로서의 마음과 심리가 작용한다.

혼자 공부할 때는 다른 사람들과 관계가 없기 때문에 사람이다. 그러나 기억에서 누군가를 그리워하거나 생각하고 있다면 이때는 사람이 아닌 인간이다. 결국 사람과 서로 연계되지 않거나 반응이 없다면 사람이라 할 수 있다. 이때 반응은 상대의 표현에 대하여 의식으로 인식하고 무의식으로 표현하는 것을 말하며 상호 심리가 작용하면서 나타나는 표현을 반응이라고 한다.

인간 역시 사람처럼 마음인 생각에서 인식하고 기억하고 표현한다. 이때 인식, 표현, 기억 등이 작용하는 대상이 사람이라면 인간으로 존재하는 것이다. 누군가에 대한 기억으로 인해서 힘들고 아프다면 인간이다. 대부분의 사람들은 누군가의 생각 또는 기억으로 인하여 힘들고 아파하는 모습을 보면서 사람답다고 말하지만 이는 잘못된 표현이다. 사람은 인식과 표현과 기억 그리고 의식과 무의식의 생각에서 다른 사람이 작용하면 안 된다.

그렇다면 무조건 혼자 있을 때는 사람이라고 할 수 있을까? 아니다. 혼자 있으면서 다른 사람을 생각한다면 사람이 아니라 인간이다. 즉 인식되는 대상, 표현되는 대상, 기억되는 대상이 다른 사람이냐 아니냐에 따라서 사람과 인간으로 구분한다. 이와 같이 심리의 작용은 똑같기 때문에 대부분의 사람들이 사람과 인간을 구분하지 못한다.

사람의 존재와 자아

사람은 생존하여 존재하면서 자신만의 행복을 추구한다. 그래서 사람이라면 누구나 자유롭고 평등하다. 즉 생존하여 존재할 때 자유롭고 공평하게 자기 행복을 추구하는 권리를 갖고 있는 것이 사람이다. 반면 인간은 다르다. 인간은 사람으로 존재하지만, 사람들과의 관계에서 존재하는 의미와 가치를 가진다.

만일 여러분에게 자녀가 있다면, 자신이 혼자 생존하고 존재하는 것으로 행복한 것이 아니라 자녀를 양육하는 과정에서 모성애를 갖고 자신의 존재의미와 존재가치를 찾게 되면서 희로애락을 느끼며 행복을 추구한다. 자녀의 표현을 인식하고, 자녀에게 표현하며, 자녀를 생각하면 마음과 심리가 인간으로서 작용함으로써 존재의 의미와 가치를 가진다.

인간의 자아실현

사람은 생존 그 자체가 자기행복이라면, 인간의 행복은 자아실현을 통해 행복을 만들어 간다. 자아실현의 자아는 '스스로 자(自)', '나 아(我)' 즉 스스로가 존재의 의미와 가치를 실현해 나가는 것이 자아실현이다.

자아실현은 제일 먼저 신체의 건강이 중요하다. 건강해야 생존할 수 있고 존재할 수 있다. 즉 사람이 되어야 한다. 그 다음은 마음이다. 마음이 편안하고 여유로워지면 행복을 느끼게 되고, 자신이 존재하는 의미가 만들어지면서 마음에서 행복한 감정을 느낀다. 이렇게 존재의 의미를 갖게 되면, 비로소 지적욕구가 생긴다. 마음은 기억을 생각하면서 기억을 더욱 풍요롭게 하고자 하는 욕구가 생긴다. 지식을 공부하는 것뿐만 아니라 아이들이 호기심이 많은 것 역시 지적욕구가 작용하면서 자아실현을 추구하기 때문이다. 지식, 기술, 경험 등이 모두 지적욕구이다.

남자는 미래행복을 추구하기 때문에 뜬구름 잡는 것을 잘한다. 그래서 남자는 호기심이 많고, 장난도 잘 치고, 하지 말라는 것을 잘 하는 경향이 있다. 이때 호기심 역시 지적욕구로서 남자의 신체가 건강하고 심리도 건강하기 때문에 지적욕구가 왕성해지는 것이다. 이를 통하여 많은 것을 받아들여 자신의 지적욕구를 강화해 가면서 성취하고 성공해 가는 존재의 가치를 추구한다. 즉 존재의 의미와 가치를 스스로 만들며 실현해 나가는 것을 자아실현이라고 한다.

아이들은 성인보다 자아실현을 잘 추구한다. 기억에는 많은 기억 데이터들이 있는데 긍정데이터만 있는 것이 아니라 부정데이터도 존재하기 때문에 어른들은 지적욕구를 충족하는데 여러 가지 많은 생각을 하지만, 아이들은 긍정데이터든 부정데이터든 기억의 데이터가 부족하기 때문에 무조건 채워 넣으려고 한다. 그래서 아이들에게는 기억의 데이터들을 풍부하게 많이 넣어 주는 것이 중요하다. 그렇다고 좋은 기억의 데이터만 존재하면 나쁜 것이 무엇인지 모르게 되어 나중에 선악을 구별

하지 못하고 마음에 문제가 발생하면서 상처받고 어려움을 겪는다.

그래서 좋은 것과 나쁜 것을 함께 받아들이고 기억해야 한다. 나쁜 것이 왜 나쁜 것인지를 정확하게 알면 자신에게 소중한 기억의 데이터가 된다. 나쁜 기억을 결코 나쁘다고만 생각해서는 안 된다. 상처의 기억을 갖고 있다고 나쁘게만 생각하면 안 된다. 무엇이 나쁜지, 무엇이 나를 아프게 하고 고통스럽게 하는지를 정확하게 알 수 있는 기준이 생긴다.

존재의 의미와 가치

사람으로서 생존할 때는 생존에만 초점을 갖기에 마음이 아프지 않다. 인간관계에서 존재의 의미와 가치를 추구할 때 희로애락을 가진다. 성공해서 유명한 사람이 되었지만 '천상천하 유아독존'이 되거나, 주변에 아무도 없이 오롯이 혼자만 존재하고 있다면 공부는 왜 해야 하는지 알 수 없게 된다.

그러면 인간은 존재의 의미와 가치가 필요할까? 대부분의 사람들은 사람으로 살기 때문에 자유와 평등을 원하고 있지만, 궁극은 인간관계에서 존재의 의미와 가치를 만들어야 하기 때문에 사람 간의 조화와 질서가 필요하다.

이와 같이 사람과 인간을 정확하게 구분하지 않으면, 사람과 인간의 심리가 다르게 작용하는 것을 알 수 없고, 이러한 심리는 모래 위에 지어 놓은 건물과도 같다. 심리에서 가장 기초가 되는 마음의 근본을 모르는 상태에서는 심리의 분석과 문제해결에 대한 해답을 찾을 수 없다.

사람은 무엇인가?
인간은 무엇인가?
마음은 무엇인가?
심리는 무엇인가?

이를 분석하고 알고자 하는 이유가 마음과 심리의 근본인 원리와 이치를 정확하게 알고자 함이다. 근본의 원리인 기초를 탄탄하게 다져 놓으면, 그 다음부터는 차곡차곡 올라가는 것은 어렵지 않다. 대부분 이 기초가 다져져 있지 않기 때문에 사람들이 마음과 심리를 어렵게 생각한다.

특히 사람과 인간의 존재, 존재의 의미와 가치에 대해서는 심리학이 아닌 철학과 인문학에서 연구한다. 소크라테스의 '너 자신을 알라'에는 중요한 의미가 있다. 인간관계 속에서 사람으로서의 자신을 정확히 알아야 한다는 말이다. 아리스토텔레스도 '사람은 생각하는 동물이다'라고 했다. 이와 관련된 도서를 읽으면 사람과 인간에 대한 이야기를 하고 있음을 알 수 있다.

그러나 정작 다양한 심리학의 분야에서는 이러한 사람과 인간의 근본적인 개념을 해석하지 못한다. 범죄는 사람일 때는 발생하지 않고 인간일 때 발생한다. 범죄의 피해자는 인간이기 때문에 아픈 것일까? 사람이기 때문에 아픈 것일까? 결국은 인간이기 때문에 인간관계에서 피해를 입고 아픈 것이다.

소년원의 청소년 심리교육

미국의 괌소년원(DYA)에서 '청소년 심리교육'을 할 때, 사람과 인간의 개념부터 알려 준다. 사람은 독립적이고 자유롭고 평등해야 할 권리를 갖고 있는 존재이며, 사람으로서 생존하면서 존재해야 될 가치를 알려주고 난 후, '사람'으로서 자유로워야 하는데, '인간'으로서 존재의 의미와 가치를 실현하고자 하기 때문에 '사람'으로서는 당연하다고 생각했던 것들이 잘못됐다는 것에서 오는 스트레스와 상처들을 어떤 방법으로 조화와 질서를 이뤄가야 하는지를 알려 준다. 그러면 소년원의 재소자인 청소년들의 표정이 달라진다.

결국 인간은 사람을 기초에 두고, 사람이 사람을 인식하고 표현하고 기억하는 것이 함께 작용되고 있다는 것을 알아야 한다. 이 개념을 정확히 알지 못하면 어떠한 심리를 공부해도 마음과 심리를 알 수 없다.

소년원에서는 범죄에 대한 문제와 해결방법, 그리고 사회적응에 대한 다양한 프로그램을 적용하고 있지만 재범률과 사회부적응으로 어려움을 겪고 있다.

이는 소년원에서 마음과 심리가 작용하는 원리를 전혀 알려 주지 못하기 때문이다. 마음과 심리가 작용하는 원리를 정확히 알기 위해서는 반드시 '무의식이 작용하는 원리'를 알아야 하는데, 이를 연구한 학자와 전문가가 없기 때문이다.

소년원의 재소자인 청소년들에게 '심리교육'을 통하여 '마음과 심리가 작용하는 원리', '무의식이 작용하는 원리'만 알려 주어도 많은 변화가 발생하고, 재범률을 줄이고 사회적응에 효과적인 것을 증명할 수 있었다. 이때 심리교육은 가르치는 교육이 아니라, 알려 주는 교육이다. 즉 지금까지의 지식교육과는 전혀 다른 마음교육이다.

희로애락의 감정과 힐링

희로애락의 감정들은 어디서 오는 것일까? 사람일 때는 희로애락의 감정이 생기지 않는다. 인간관계에서 마음과 심리가 작용할 때 감정이 생긴다. 사람을 인식하고, 사람에게 표현하고, 사람에 대해 기억하는 등의 마음이 작용할 때 희로애락의 감정을 가진다. 사람으로만 존재할 때는 자신의 생존만 존재하기 때문에 감정이 만들어지지 않는다. 인간으로 살아가면서 존재의 의미와 가치가 있다고 생각이 들 때는 자아실현의 추구에 맞기 때문에 좋은 감정이 생기지만, 자신의 자아실현에 맞지 않다고 생각하면, 즉 존재의 의미와 가치에 맞지 않는다고 생각하면 스트레스와 상처가 발생한다.

　사람은 자기행복을 추구하기 때문에 인간으로서 자아실현을 추구해 갈 때 스트레스와 상처가 발생하면 사람이 되고 싶어진다. 인간관계에서 잠시 벗어나서 자신을 자유롭게 하고, 자신의 평화를 만들고 싶기 때문에 인간에서 사람으로 돌아가고 싶어진다. 그래서 대부분의 사람들은 답답하거나 어려움이 생기면 혼자 있고 싶어 한다. 사람이 되려면 인식되는 것에도 사람이 없고, 표현하는 것에도 사람이 없고, 기억하는 것에도 사람이 없어야 하기 때문이다.

　답답하고 힘들고 어려운 마음을 갖게 될 경우에는 혼자 여행을 가라고 권할 때가 있다. 혼자 여행을 가면 인식하는 것에 사람이 없다. 지나가는 사람들은 자신과 관계가 없는 그저 자신과 평등한 자연의 일부일 뿐이다. 나와 관계가 있을 때에는 사람으로 인식되겠지만, 관계가 없기 때문에 인식되지 않는다. 또한 표현할 대상인 사람이 없기 때문에 표현도 하지 않는다. 그러나 계속해서 누군가를 떠올리며 힘든 기억을 생각하면 그것은 사람으로부터 자유로운 것이 아니다.

　진정으로 자신의 힐링을 위한 여행을 가려면 혼자 가야 한다. 혼자일 때 자유롭고 자신의 심리에 평화를 만들 수 있다. 이때 인식되는 것과 표현되는 것과 기억되는 것이 다른 사람과 관련되지 않으면 힐링이 된다. 그렇게 사람으로 힐링하고 난 후 다시 일상으로 돌아와 인간관계를 맺으면 언젠가는 또 다시 인간관계에서 힘들어질 것이다.

　그렇다면 무엇이 필요할까? 사람으로 돌아갔을 때 자기행복에 맞추어서 자아실현의 존재의 의미와 가치를 찾아갈 때 위배되었던 것들이 무엇이었는지 객관적으로 정확히 알고 다시 인간으로 돌아가는 것이 필요하다. 인간으로 살 때는 이렇게 생각하고 느끼지 못한다. 인간의 마음은 계속 다른 사람이 인식되고, 표현되고, 기억되기 때문이다.

사람과 이야기를 주고받더라도 자신과는 전혀 관계없이 그냥 듣고 의미가 없는 이야기를 한다면, 이야기를 주고받았어도 그때는 인간의 자아실현에는 아무런 관계가 없다. 이때 작용되는 것이 바로 사람의 심리이다.

상대를 어떻게 인식할 것인가? 나와 관련되는 사람으로 인식할 것인가, 나와는 관계가 없는 사람으로 인식할 것인가에 따라서 달라진다. 사랑하는 관계 또는 가족관계의 경우는 나와 직접적으로 연관된다. 나와 관련되기 때문에 인간으로 인식하고 상대에게 표현한다. 그래서 인간관계에서는 희로애락의 감정이 생성되도록 인식하고, 표현하고, 기억한다.

부부가 크게 싸웠을 때 가끔은 '나는 나, 너는 너'가 된다. 그럴 때에는 나만 관심을 갖고 상대는 나와 관계없는 사람으로 인식하게 되면 그때부터는 인간관계에서 벗어나서 사람이 된다. 사람으로 돌아가 자기행복에 맞춰 자아실현의 존재의 의미와 가치를 찾아갈 때, 잘못된 것들을 객관적으로 판단하고 회복하여 다시 인간으로 돌아가면 자신의 존재의 의미와 가치를 다시 만들 수 있다. 이것이 힐링의 원칙이다.

힐링의 원칙은 인간관계에서 문제가 생기면 사람으로 돌아가는 것이다. 그래서 인간관계의 문제로 인한 심리문제와 심리장애에 대한 치료의 상담을 할 때도 제일 우선으로 주변 사람들을 차단시킨다. 가장 가까운 가족도 차단되어야 한다. 아이한테 잘해 주려고 애써 노력하지 말고, 어떤 때는 몰인정하게 해야 한다. 또한 배우자에게 잘 하려고 노력하면 안 된다. 오롯이 자신만을 생각하라고 한다. 그러면 대부분의 사람들은 이를 받아들이지 못한다. 존재의 의미와 가치를 실현해 나가던 사람에게 갑자기 모든 것을 정리하고 생존의 존재부터 다시 시작하자고 말하면 사람들은 자신의 인생이 다 무너지는 줄 안다. 그래서 자신의 인생은 실패한다고 생각하기 때문에 거부한다.

인간에서 사람으로 돌아가 사람에서부터 생존을 위하여 존재하고, 다시 인간관계로 돌아와서 스스로가 존재의 의미와 가치를 가져야 한다. 자아실현의 제일 우선이 사람으로서 존재하기 위해 건강해야 한다. 그런 다음에 존재의 의미와 가치를 가지는데, 마음이 무너지니 건강부터 다 무너진다. 그래서 처음으로 다시 돌아가서 건강을 찾고 존재의 의미와 가치를 찾아 힐링한 후, 다시 인간관계로 돌아가면 놀랍게도 자신을 중심으로 모든 것이 작용한다. 그러나 사람들은 인간관계에서 벗어나서 사람으로 돌아가는 것을 힘들어하고 어려워한다.

예를 들어 혼자 여행을 가서도 처음 보는 사람과 같이 이야기를 주고받으며 존재의 의미와 가치를 찾으려고 한다. 그렇다면 혼자 여행을 갔었더라도 그것은 인간으로서 여행을 간 것이다. 인간이 되면 자신에 대한 자유를 찾을 수 없다. 자신의 마음을 풍요롭게 만들지 못하고 또 다른 인간관계를 만든다.

얼마 전 상담을 한 내담자를 혼자 제주도로 보냈다. 혼자 걷고, 걷다 배고프면 혼자 식사하고, 그리고 또 걷다 졸리면 자고 그러면서 계속 걸으라고 했다. 3일이 되던 날 죽을 것 같다며 찾아왔다. 첫째 날과 둘째 날은 자유를 만끽할 수 있었지만 셋째 날이 되면서부터 인간으로서 자아실현을 해야 하는데 사람이 되어 있으니 못 견디는 것이다. 그러나 그때 '다시 내려가'라고 한마디를 해 줬다. 이 사람은 다시 제주도를 내려

갔고, 10일 후에 올라와서 처음 했던 말이 "일을 하고 싶다"는 것이었다. 자신이 존재하는, 살아있는 존재를 느끼게 된 것이다.

여러분도 아프고 힘들면 혼자 있고 싶어진다. 자기 스스로를 찾고자 하는 이유 중에 하나이다. 하지만 막상 혼자가 되라고 했을 때는 못 견딘다. 왜냐하면 자신의 존재의 의미와 가치를 갖고 살아야 하기 때문이다. 따라서 우리는 제일 우선으로 사람과 인간을 구분해야 한다.

이처럼 마음과 심리에서는 개념부터 잘못 알고 있으면 마음과 심리에 대한 지식이 아무리 많아도 전혀 도움이 되지 않는다. 오히려 문제가 발생한다.

강연의 문제와 킬링강연

한 사람이 수백 명을 상대로 강연한다고 할 때, 강연을 듣는 사람들이 반응 없이 받아들일 경우, 강연자와 듣는 사람들은 인간관계인지를 생각해 보자. 저자는 강연에 대한 이야기를 할 때마다 하는 말이 있다. 법륜스님의 '즉문즉설'을 사례로 많이 든다. 법륜스님은 훌륭한 분이지만 결정적으로 하나가 빠져 있다. '즉문즉설'의 강연을 할 때 문제가 발생한다. 훌륭한 분이 강연하고, 많은 청중들이 존재한다.

문제는 청중 중에 한 사람의 입장에서 보았을 때는 그냥 듣기만 하는 사람만 존재한다. 사람은 누구나 자유롭고 평등하게 존재하는 그 자체만으로도 행복하게 된다는 훌륭한 말씀이다. 하지만 이 강연을 세밀하게 들어 보면 '사람'에 대한 강연이다. 그렇다면 강연이 끝나고 일상생활로 돌아가면 어떻게 되겠는가? 인간으로 돌아가는데 사람에서 인간으로 전환하여 살아가는 방법은 알려 주지 않는다. 그래서 강연을 들을 때는 힐링이 되는 듯 보이지만, 일상생활로 돌아가면 문제는 그대로이다. 아니 더 심각해진다.

사람과 인간은 마음과 심리가 다르게 작용하는데 이를 빠트린 것이다. 인간에서 발생하는 희로애락의 감정은 사람에서는 발생하지 않는다. 그렇게 때문에 이와 같은 강연은 힐링이 아닌 킬링의 강연이라고 볼 수 있다.

강연을 듣고 나면 나는 자유로운 존재이며 다른 모든 사람과 평등하고, 자기행복을 추구해 나가는 위대한 존재이기 때문에 일상으로 돌아갔을 때 인간관계에서 조금이라도 답답하고 아프고 힘들면 그냥 회피 또는 차단하게 되고, 사람이 되어 혼자 살아가는 것을 생각하도록 만든다.

그렇다면 희로애락에 대해서는 어떻게 풀어 갈 수 있을까? 그 원리를 알려 줘야 하는데 그 원리가 없는 '사람'에 대한 강연뿐이다. 법정스님이 이 이치를 깨닫고 난 후, 더 이상 사람을 면접하지 않고 제자마저도 버려둔 채 혼자 산에 들어가 입적하실 때까지 19년이라는 세월을 혼자 보낸 데에는 이유가 있었다고 본다. 자신이 했던 말들이 인간관계에서 살아가는 사람들에게는 킬링이 될 수 있다는 것을 알게 되었기 때문으로 추측한다. 진정한 깨달음이라고 생각한다.

불교에서는 사람의 마음과 심리를 다루고 있다. 기독교에서는 사랑인 이해와 배려를 추구한다. 여기서 말하는 이해와 배려는 상대를 알고, 상대가 힐링되도록 배려하는 것 즉 기독교의 기본 원칙은 타인에 대한 사랑이다. 반면 천주교의 기본 원칙은 자신에 대한 반성이다. 상대가 아파할 때 과연 내가 무엇을 잘못했는가? 즉 나를 찾는 것이다. 천주교에서 기독교가 분리되기 전을 살펴보면, 타인과 자신 모두를 갖고 있었다. 하지만 이것이 분리되면서 인간관계를 찾지 못하고 있다. 즉 사람과 사람이 관계를 갖게 되면서 인간이 되는데, 현존하는 대부분의 강연들은 사람들에게 기분전환을 하지만, 인간관계의 감정에 대해서는 힐링이 아니라 킬링으로 작용하고 있다.

기분전환과 감정치료

저자는 심리포럼과 같이 서로 질문하고 답변하는 토론문화를 만들고 싶었다. 단순히 기분전환에서 끝나는 것이 아니라 마음과 심리의 원리를 알고 기분전환을 하면서 인간관계에서의 감정이 안정되는 것을 알기 때문이다.

기분이 지속되는 것이 감정이기 때문에 기분을 전환시키고 그것을 지속시켜 자신의 감정으로 전환시킨 후, 인간관계로 돌아오면 대상에 관계없이 자신의 마음을 중심으로 저절로 힐링할 수 있다. 그러나 대부분의 강연은 기분만 전환시킨다. 이때 강연이 끝나고 일상으로 돌아오면 어떻게 될까? 강연을 듣고 기분이 좋을 수는 있지만, 주변 사람들 특히 자신과 관련된 인간관계는 예전 그대로 작용하기 때문에 순간의 기분전환으로밖에는 작용되지 않는다. 그렇게 되면 다시 이전의 상태로 돌아가고, 훌륭한 강연을 들었음에도 예전 그대로 되돌아간다. 이렇게 되면 자신은 하찮은 존재가 되고 인간관계에서 존재의 의미와 가치는 크게 감소한다.

기분전환을 하고 조금이라도 기분이 좋아져 감정이 좋아진 상황이 다시 좋지 않은 감정으로 전환되기 때문에 차라리 0인 상태로 있었으면 문제가 없었겠지만, 감정이 상승되었다가 하락되기 때문에 견디기 힘들어진다. 이것은 조울증의 작용원리와 비슷하다. 예전에는 −10만큼 힘들다가 +10으로 상승되어서 행복한 감정을 느끼면서 보내면 이를 조증이라 하고, 조증에 있다가 갑자기 다시 −10의 불행한 감정으로 하락하면 어떻게 되는가? 예전에 느낀 −10이 아닌, −20만큼 힘들게 되므로 이전보다 더 힘들어진다. 그래서 기분전환의 강연이 위험한 것이고, 킬링이라고 하는 것이다.

논제를 발표하여 마음의 이치와 작용의 원리를 알려 준 후, 심리토론을 할 수 있는 심리포럼을 만든 이유는 단순히 기분전환으로 끝나는 것이 아니라 여러분의 일상에서 어떻게 작용할 수 있겠는가를 함께 만들어 갈 수 있도록 하기 위한 것이다.

심리학은 불필요하다

저자는 개인적으로 심리학은 존재해서는 안 되는 학문이라고 생각한다. 그 이유는 인간관계, 사람과 사람이 관계되지 않는 학문이 없기 때문이다. 철학, 인문학, 과학, 범죄학, 어학… 등 인간의 심리와 마음이 모든 학문에 영향을 주기 때문에 그 기초와 원리만 만들어 놓고, 각 학문이 발전해 갈 수 있도록 해야 한다. 홍보마케팅 분야에서 마음의 작용원리를 알고 적용하면 훨씬 더 발전해 갈 수 있는 것과 같은 이치이다. 그래서 심리포럼이 필요한 이유이기도 하다.

우리 모두 각자가 사람으로서 마음과 심리를 똑같이 갖고 있고, 인간으로서 사람을 인식하고, 사람에게 표현하고, 사람과 관련된 기억을 하면서 살고 있다. 또한 자기 스스로가 존재의 의미와 가치를 실현하면서 살고 있다. 이 원리는 인간이면 누구나 똑같이 작용하기 때문에 지식전달식의 교육이 되어서는 안 된다. 마음의 이치와 원리만 알려 주면 스스로가 찾을 수 있기 때문이다.

상담심리를 공부하고 있는 분이 있다. 저자가 상담을 없어지기 바라고 있는 것에 대하여 상담심리 이외의 공부를 한다면 어떤 것이 더 좋은지 질문을 했다.

심리와 상담의 공부는 계속하는 것이 좋다. 상담심리를 공부하는 것은 나쁜 것이 아니다. 만일 인지치료법과 행동치료법을 알고 있다면 이와 관련되는 마음의 작용원리를 적용하면 매우 뛰어난 치료법을 만들 수 있다. 마음의 근본인 기초까지 모두 적용하면 더 바랄 나위가 없겠지만, 상담을 하는 사람들은 마음의 근본이나 기초를 모르기 때문에 문제가 있다.

그렇다면 다른 새로운 분야의 공부를 왜 하는가? 지금 자신이 하는 공부가 최고이다. 현재 초등학교의 교사라면 자신이 공부한 교육학에 '마음과 심리의 원리'를 적용하면 최고의 전문가가 될 수 있다. 즉 다른 어느 분야가 잘못되었다는 것이 아니라 이 학문의 근본적인 기초를 갖게 되면 자신이 공부한 학문을 더욱 탄탄하게 할 수 있다.

마음이 다른 원인은 기억 때문이다

심리포럼에서 심리토론을 하는 이유는 각자 개인이 인간으로 살아오면서 인식, 표현, 기억했던 경험과 지식의 기억데이터들을 갖고 대화를 나누면서 내 것도 적용해 보고, 다른 사람의 것도 적용해 보면서 사람과 인간은 모두 똑같은 마음이 작용하고 있다는 것을 알기 위함이다.

놀랍게도 각 개인의 기억은 모두 다르다. 전 세계에서 기억이 같은 사람은 단 한 명도 없다. 이 말을 분석하면 인간은 누구나 다 똑같은 마음의 이치와 원리가 작용하지만, 기억에 의하여 마음과 심리가 모두 다르다는 것이다.

'너 그거 기억해?'라는 것은 어떤 사실에 대한 기억인데, 그것을 생각하는 마음은 다르다. 마음은 생각이라 했는데, 이 생각이 특정한 현상만을 기억하는 것이 아니라 현상과 감정을 함께 기억해 낸다. 그래서 그 현상으로 발생되었던 감정을 생각인 마음으로 자각하면서 희로애락의 감정을 느낀다.

빨간 전화기가 있다고 할 때, 다른 사람은 예쁘다고 하지만 나는 빨간색이 매우 강렬하다는 느낌을 받았다고 해 보자. 이를 분석할 때, 예전에 불이 났었던 기억이 있다면 빨간 것을 보고 그렇게 느낄 수 있다. 즉 자신의 기억 때문에 그런 것인데, 그것은 그 전화기의 색깔이 강렬하게 인식된 것이 아니라 자신의 기억이 그렇게 인식하도록 만든다.

경치 좋은 곳을 바라보면서 아름답다고 느끼는 사람도 있고, 사랑했던 사람이랑 함께 오지 못해 슬프고 아픈 사람도 있다. 그렇다면 슬프고 아픈 것은 누구 탓인가? 똑같은 경치인데 말이다. 그런데 사람들은 내가 아프기 때문에 아픈 기억을 없애 버리려고 하면서 인간관계가 심각해지고 인간관계를 파괴하고자 하는 심리가 생긴다.

●

남자와 여자는 감정기억이 다르다

●

감정을 기억하는 것은 여자와 남자가 다르다. 이를 간략하게 설명하자면, 남자는 현상만을 기억하고 여자는 현상과 함께 감정을 기억한다. 남자는 감정을 기억하지 못한다. 남자들이 상처의 감정을 기억하지 못한다고 하면 여자들은 이해하지 못한다. 반면 여자들은 상처의 감정을 잘 기억하는데 남자들은 쓸데없는 것을 왜 기억하는지 이해하지 못한다. 이것이 '감정기억의 오류'이다.

이번 심리포럼에서 감정기억을 다루지 않는 이유는 여자들은 남자들이 이해가 안 되고 남자들은 여자들이 이해가 안 되기 시작하면서 마음과 심리가 복잡해지기 때문이다.

상처의 감정은 여자가 잘 기억하고 남자는 상처의 감정기억을 안 한다고 말하면 여자들은 남자만 좋은 것 같다고 생각하겠지만, 마음의 행복을 토론할 때가 되면 남자는 감정기억을 하지 못하기 때문에 죽는 날까지 행복을 못 느낀다는 것을 알게 될 것이다.

화병은 한국에만 있는 것이 아니다

사람들은 감정에 대한 상처를 이야기하면 문화적인 감정이라는 게 존재한다고 생각한다. 전 세계의 모든 남자는 남자끼리, 여자는 여자끼리 마음이 똑같다고 하였지만, 한국 문화적 감정의 상처인 화병과 같은 경우는 다른 것이라고 반문하기도 한다.

미국 괌주정부의 소년원(DYA)에서 '청소년 심리교육'을 했을 때, 미국에서 강의하는 교재와 한국의 한글로 강의하는 교재가 똑같다. 미국의 심리전문가들이 놀랐던 것 중에 하나가 바로 이 부분이다. 동양문화와 서양문화, 한국과 미국의 문화가 분명하게 다른데 어떻게 똑같은 교재로 똑같은 강의를 하겠냐면서 일단은 들어만 보자고 했었는데 원리와 이치를 5분 정도 듣고는 MOU(Memorandum of Understanding, 양해각서)를 체결하고 심리교육을 할 수 있었다. 즉 똑같다는 것을 증명했다.

한국의 화병 자체가 전 세계의 심리장애 중 '화병(Hwabyung)'이라고 공식명칭이 되어 있다. 그만큼 화병은 한국에 많다. 화병은 심리의 억압으로 발생하고 억압을 표현한 것이다. 반면 한국에는 없는데 미국에 있는 것도 있다. 바로 억압과 강박인데, 한국에서는 억압과 강박이라는 표현을 안 쓰고 화병이라는 표현을 쓴다. 즉 화병이 한국에만 있고 미국에 없는 것이 아니라 명칭이 다를 뿐이지 똑같다.

한국에서 언제부터 공황장애라는 말을 썼는가? 몇 년 되지 않았다. 예전에는 우울증 또는 노이로제라고 하다가 표현의 심리장애로 재분류한 것이다. 우울증 또는 노이로제가 너무 광범위하기 때문에 세분화하여 분리한 것이다. 그렇다면 또 우울증이라는 말은 언제부터 사용했을까? 우울증이라는 명칭을 쓰기 시작한 것은 불과 40년이 채 되지 않았다. 미국심리학회(APA)에서 우울증이라고 명칭을 정할 때부터 우울증이 된 것이지 이전에는 우울증이라는 명칭도 없었다.

사람들은 국가, 사회, 역사, 철학, 사상… 등의 여러 가지 현상으로 인간의 마음을 분류한다. 그러한 문화적 차이와 사람과 인간의 이치와 원리는 관계없다.

화병은 간단하게 말하면 심리억압의 표현이다. 단지 미국에서는 억압된 것이 표현되면 총을 들고 분노하고 범죄가 발생하기도 하는 것이고, 한국은 총 대신 칼을 드는 사람도 있고, 뛰어 내리는 사람도 있는 것이다. 이 모두가 똑같은 화병이고, 이를 우울증 또는 노이로제라고 한다. 그래서 화병은 우울증 또는 노이로제의 증상 중 하나일 뿐이다.

'외상 후 스트레스'에서 생기는 '화'와 심리적으로 힘들어서 생기는 '화'는 다르다. '화'는 억압된 것을 표현하면서 풀어지고, '화'가 사라지면서 치료된다. 쉽게 말하면 인식과 기억은 많은데, 표현을 못하고 있으면 억압이고, 인식과 기억은 많지 않은데 표현을 해야 한다면 강박이다. 그래서 과도하게 줄을 맞추고 정리하는 강박증, 청소강박증이나 저장강박증과 같이 강박증은 다양한 형태로 나타난다. 그 이유는 인식되어 들어오는 것은 없는데, 표현하고 싶은 심리가 작용하기 때문이다. 이러한 강박증을 갖고 있는 사람들에게는 표현하는 것이 중요한 것이 아니라, 많이 인식될 수 있도록 하면 강박증이 사라진다. 반대로 억압하고 있는 사람들은 심리적으로 꾹 눌러 놓은 것들을 원활하게 표현하도록 해 주면 억압이 사라진다.

심리극은 불필요하다

　심리극이라는 행동치료법이 있다. 마치 인지행동치료법처럼 인식될 수 있으나 심리극은 행동치료법이다.
　이 심리극을 통해 자신의 억눌려져 있던 마음을 표현하는 것이다. 그러면 억압되어 있던 마음의 상처를 표현하니 후련하고 좋다. 그러나 이후의 일상생활에서는 어떻게 할 것인가? 자신만의 표현법이 없으면 그 사람은 다시 감정을 억압하고 일정기간이 지나면 다시 힘들어질 수밖에 없다.
　우리는 이것을 기분전환이라고 한다. 일정시간 지나면 그 사람은 과거와 똑같은 심리상태가 된다. 그럴 때마다 상담하고 심리극을 해야 한다. 결국 이 심리극은 치료법이 아니라 일시적으로 치료된 것처럼 느껴지도록 하는 '눈을 가리고 아웅'하는 것뿐이다.
　또한, 갈등과 대립으로 어려움을 겪는 경우에는 서로의 역할을 바꾸어서 상대의 입장에서 인식하고 표현하도록 하는 기법으로 사용한다. 이로 인하여 마치 인지행동치료법처럼 인식된다.
　이렇게 역할을 바꾸어서 심리극을 하게 되면, 서로 각 개인은 그때 당시의 기억에 대해서만 인식하고 표현하게 되고 이해할 수 있게 되지만, 그때 기억하지 못한 갈등과 대립에 대해서는 대책이 없다. 결국은 또 다른 기억으로 갈등과 대립이 형성되면 또 심리극을 해야 한다.
　인간이 살면서 자신이 기억한 것을 실제 의식으로 자각하여 기억하는 것은 1%도 채 되지 않는데, 기억할 때마다 심리극을 해야 한다면 이는 말도 안 되는 것이다.

즉 마음과 심리가 작용하는 원리를 적용하는 것이 아니라 당시의 갈등과 대립만 봉합하는 것일 뿐, 근본적인 치료법이 될 수 없다.

감정은 자신의 마음에서 생긴다

기분전환이 감정으로 작용하기까지 시간이 필요한데 사람들은 계속 인간관계에서 해결하려고 하면서 감정의 패턴인 습관으로만 작용하려고 한다. 그래서 가능하면 인간관계에서 문제가 발생하면 인간관계에서 해결하려고 하지 말고 사람이 되어야 한다. 기분전환이 되는 것은 사람일 때 가능하지만, 감정으로 작용하려면 인간관계에 있어야 하기 때문이다.

감정은 마음에서 생긴다. 인식에서 생기는 것도 아니고, 표현하면서 생기는 것도 아니며, 기억할 때 생기는 것도 아니다. 오롯이 자신의 마음에서 생긴다. 마음은 의식과 무의식이 있는데, 무의식에서 감정을 만든다. 이때 무의식은 마음에너지의 작용과 마음에너지에 의한 습관의 작용인데, 이 마음에너지가 습관을 작용시킬 때, 긍정적으로 작용하면 긍정감정을 느끼고 자각한다. 다만 인식 또는 기억할 때 사람이냐 아니냐의 차이일 뿐이다.

인간은 자아실현의 희로애락과 자기행복의 희로애락의 차이 때문에 사람의 마음과 인간의 마음을 구분하지 못한다. 예를 들어 사람이 생존을 위하여 먹을 때는 자신이 필요한 만큼만 먹는다, 그래도 사람으로서 만족하고 생존할 수 있다. 많이 먹든 적게 먹든 자신이 만족하고 행복하면 먹는 것은 별로 중요하지 않게 된다. 남는 것은 내일 또 생존해야 하기 때문에 저장해 둔다. 이는 동물들도 잘한다. 이렇게 저장해 놓으면 여유롭게 사냥할 수 있다. 이것이 사람으로서의 희로애락이다. 이는 사람으로서 생존하는 데 있어서의 희로애락이고, 인간으로서의 희로애락은 사람으로 존재하면서 다른 사람과의 관계에서 자신이 어떤 의미와 어떤 가치를 갖느냐의 희로애락이다. 따라서 인간의 희로애락과 사람의 희로애락은 근본적으로 다르다.

혼자 여행을 가서 혼자 맛있는 걸 먹으면, 사람의 희로애락이다. 그러나 친구와 함께 여행을 가서 함께 이야기를 나누면서 맛있는 것을 먹는다면 이는 인간의 희로애락이다.

이 원리를 알면 사람과 인간을 구분할 수 있고 사람도 되고 인간도 될 수 있는 자신의 능력이 형성된다. 여행을 갈 때 사람으로서 희로애락을 갖고 힐링을 위하여 갈 것인지, 아니면 친구와 함께 여행을 가서 인간관계에서 존재의 의미와 가치를 갖도록 힐링을 할 것인지를 알면 된다.

혼자 여행을 갔을 때 외로움으로 인하여 여행지에서 누군가를 만났다면, 이 인간관계를 자신 스스로의 희로애락을 위해서 만든 것이다. 그것이 자아실현의 욕구이다. 자기 존재의 의미와 가치를 찾는 것이다. 맛있는 걸 먹을 때 누군가와 같이 먹고 싶어지고, 누군가에게 내 존재의 의미와 가치를 갖고 싶은 자아실현의 욕구이다. 이때는 사람으로서 여행을 간 것이 아니라, 인간으로서 여행을 간 것이다. 결국은 힐링은 안 되고 또 다른 인간관계에서 자신의 희로애락의 연장선으로 놀다가 온 휴식이 되는 것이다.

SNS의 문제와 왜곡된 생각

최근 혼자 여행을 가서 SNS(Social Network Service)에 글을 올리는 경우가 많다. SNS는 사람과 사람의 사회관계망이다. 많은 사람들이 온라인의 특정한 플랫폼에 연결되어 네트워크를 통하여 관계를 맺고 있는 온라인의 가상사회이다. 이때 SNS에는 단방향이냐, 쌍방향이냐에 따라서 다르게 작용한다. 단방향은 정보를 제공하는 역할을 하고, 쌍방향은 정보를 주고받는다. 단방향 SNS의 대표적인 것은 blog가 있고, 쌍방향 SNS의 대표적인 것에는 Cafe가 있다. 많이 활성화되어 있는 페이스북(Fasebook)이나 트위터(Twitter)와 같은 경우에는 단방향과 쌍방향을 혼합하여 '댓글'이나 '좋아요' 기능을 이용하여 공감할 수 있도록 만들었다.

이러한 SNS에서는 인간관계의 문제가 발생한다. 사람과 사람이 연결되면 인간이 되는데, 이 온라인 플랫폼에서는 현실적으로는 없는 인간관계가 형성된다. 결국 SNS에서는 '사람인가?' 아니면 '인간인가?'를 생각해야 한다. 온라인 플랫폼에서만 존재하고, 'Face to Face' 즉 인식과 표현은 온라인으로만 존재한다.

 인간은 다섯 개의 감각기관을 통해 인식하는데, SNS는 시각정보 또는 청각정보 외에는 다른 감각기관이 작용하지 않는다. SNS에서는 촉각, 후각, 미각에 관련된 감각정보는 존재하지 않는다. 시각과 청각만 존재하고 있는 관계이기 때문에 SNS의 인간관계는 사람도 인간도 아닌 관계라고 할 수 있다.

 엄격히 해석하면 사람들이 모여 있는 사람관계이다. 이는 새로운 개념이 되는데, 존재하지는 않지만 인간관계처럼 만들어져 있다. 이 안에는 사람만 존재하고 인간이 없다 보니 오로지 자신만 행복하고 그 안에 존재가 되어 있으면서 존재의 의미와 가치를 실현해 간다. 인간관계가 없다 보니 실체가 없는 의미와 가치를 실현해 나가는 것이다. 진정한 존재의 의미와 가치를 실현해 가려고 하는 사람들은 'Face to Face' 즉 누군가를 만나려고 한다. 그래서 SNS에서 사람이 아니라 인간관계를 찾기 때문에 대부분 많은 사람들에게 심각한 문제가 발생한다. 그 이유는 시각정보와 청각정보만으로 인간관계를 맺으려 하기 때문이다. SNS가 심각한 이유가 바로 이것이다. 어쩌면 SNS로 인하여 인류문명이 파괴될 수도 있다.

SNS와 인간관계

 구약성경의 '소돔과 고모라'를 떠올려 보자. 하나님이 소돔과 고모라를 멸(滅)하려고 할 때, 빼앗은 것이 시각과 청각이었던 이유가 바로 시각과 청각이 쾌락주의로 흘러가기 때문이다. 오롯이 좋은 것만 보고, 좋은 것만 들으며 향락주의에 빠져 드는 것이다. 결국은 시각과 청각만이 발전하는 것은 인간관계에서 많은 문제를 만드는 원인이다.

 인간은 다섯 개의 감각기관을 통해서 인식되어야 하는데 시각과 청각만 인식하기 때문에 시각기억과 청각기억밖에는 없다. 그러다 보니 많은 사람들이 맛있는 것을 촬영하여 SNS에 올리고, 다른 사람들이 '좋아요'를 얼마나 많이 눌렀는가에 따라서 또 다른 맛있는 것을 찾아서 다닌다. 시각정보도 마찬가지이다.

 바로 이런 것을 우리는 쾌락주의라고 한다. 쾌락이라는 말을 성적으로만 연결하면 안 된다. '쾌할 쾌(快)', '즐길 락(樂)'. 한마디로 즐거움의 극치를 쾌락이라고 한다. 그렇게 즐거움의 극을 위해서만 끊임없이 살아가게 되는 것이다. 모두 쾌락적으로 좋은 것만 보려고 하고, 즐겁지 않으면 쉽게 친구를 끊어 버리면 그만이다. 다섯 개의 감각이 연결되어 있는 인간관계는 내가 끊고 싶다고 해서 쉽게 끊어지는 것이 아니고 갈등도 발생하고 행복도 발생한다. 그러나 SNS에서는 시각과 청각 즉 보지 않고 듣지 않고 끊어 버리면 그만이다.

 그렇다면 이것이 과연 인간관계인가를 생각해 보아야 한다. 이러한 현상은 생존하는 데 필요로 하는 사람의 관계일 뿐이다. 사람이 인간의 탈을 쓴 사람관계로서 인간관계에서는 매우 위험하다.

혼자 여행을 가서 SNS에 여행지, 먹은 것, 즐거운 것 등을 올리면 혼자 여행을 갔다고 할 수도 없다. 사람은 사람인데 사람도 아닌 인간도 아닌 전혀 다른 세상을 살고 있는 것이다. 사람으로도 못 살고 인간으로도 못 사는 사람을 회색인간이라고 한다. 흑도 아니고 백도 아닌 것이다. 사람으로도 못 살고 인간으로도 못 살고 쾌락주의자로 살게 된다. 그래서 SNS를 하지 않으면 견디지 못한다.

SNS가 활성화될수록 인간관계의 문제와 범죄가 더 많이 발생할 수밖에 없다. 그 이유는 그 사람이 잘못되어서 그런 것이 아니라 사람으로 존재하는 것만을 중요하게 생각하면서 이것을 인간관계에 적용하려고 하기 때문이다. 결국 SNS는 인간으로서의 자아실현은 없고, 사람으로서의 자기 쾌락만 존재하는 사람관계망이다. 시각과 청각만을 좋게 하려는 쾌락만 추구하기 때문에 작은 스트레스에도 견딜 수 없고, 인간관계가 파괴되는 문화로 발전할 수밖에 없다. 사람의 자유가 나쁜 것은 아니지만, 인간으로서 인류가 함께 공존공생하며 행복하게 살아 갈 수 있는 핵심은 사람들 간의 조화와 질서인데, SNS는 이것이 파괴되고 있다.

SNS중독과 폐해

SNS는 기분전환이자 쾌락을 위한 용도로 치우쳐져 있기 때문에 SNS에서는 사람도 아닌 인간도 아닌 것으로 살고 있는 것이다. 그러니 여러분은 사람과 인간으로 살아가는 진정한 모습을 알아야 한다. 이것이 마음의 회복이다.

요즘 SNS에 중독된 사람들이 많다. 이들은 SNS에서 자신의 존재의 의미과 가치를 찾기 위한 것으로 분석할 수 있지만, SNS에는 인간의 의미와 가치가 없기 때문에 위험하다.

최근 상담했던 중학교 1학년 여학생이 있었다. SNS에서 문제가 발생하여 자살시도를 하였고, 심리치료를 위하여 상담을 오게 되었다. 처음 SNS를 시작하였을 때는 아무도 관심을 갖지 않았지만, 어느 날 속옷 차림의 사진을 한 장 올렸더니 사람들이 많이 몰려와서 '좋아요' 수가 수백 개가 되었고 많은 사람에게 관심을 받게 되었다. 그래서 그 다음엔 가슴을 살짝 노출한 사진을 올렸더니 관심은 더욱 폭발적이었다. 현실에서는 아무에게도 관심을 못 받아 오던 이 여학생은 급기야 자신의 성기까지 찍어 올리게 되었는데, 이 과정에서 여학생의 얼굴이 유출되어 학교가 발칵 뒤집혔던 것이다. 학교에 사진이 퍼지고, 부모님도 난리나면서 이 여학생은 살고 싶지 않다고 자살시도를 했던 것이다.

그러면 이 여학생을 어떻게 치료할 것인가? 이 여학생은 잘못한 것이 아니다. 이 여학생은 사람으로 살아가는 데 있어서 사람이 아닌 인간으로서의 자아실현을 하기 위해 존재의 의미와 가치를 찾고 싶었던 것뿐이다. 하지만 부모님과 선생님, 그리고 다른 사람들은 여학생에게 잘 살라고만 말을 할 뿐, 잘 사는 방법을 알려 주지 않았다. 이 여학생에게 '마음과 심리의 작용원리'를 설명하자 부모님들은 그제야 딸의 잘못이 아니었고, 딸은 오히려 건강한 마음을 갖고 있었으며, 누구보다 관심을 받고 싶어 했던 것임을 깨닫게 되었다. 이때부터 부모님의 관심과 도움으로 회복할 수 있게 되었다.

현재 이 여학생은 공부도 잘한다. 그 이유 중에 하나가 자기가 잘못된 것이 아니라 마음이 건강했었다는 것이 증명되었기 때문이다. 아무도 그것을 증명해 주지 못했다. 인지행동치료법으로는 증명하기 어렵다.

여학생이 잘못된 것이 아니라 SNS에서 생기는 문제의 파급효과가 어떨 것이라고 한 번도 생각해 본 적이 없었을 뿐이고 전문가들이나 인터넷의 정보에서도 알려 주지 않아 모르고 있었을 뿐이다.

그래서 무엇이 잘못되었는지 생각을 할 수 있도록 하고, 앞으로 스스로 어떻게 살아가야 되는지를 정확하게 알려 줌으로써 여학생 자신 스스로 하나씩 자신의 방법을 찾게 되면서 스스로가 마음을 회복한 것이다. 지금 이 여학생은 자기와 같은 청소년들이 매우 많기 때문에 '청소년 심리전문가'가 되겠다고 열심히 공부하고 있다.

사람으로 존재하기

만일 SNS를 하지 않고 혼자 집에서 그저 멍하니 있으면 그것은 자신이 존재하고 있는 것조차 생각하지 않고 있는 것이다. 사람은 신체가 있고 그 안에 마음이 있는데, 신체가 죽는다는 것은 시체가 된다는 것이다. 마찬가지로 마음이 죽는다는 것은 생각이 멈췄다는 것이며 의식은 전혀 작용하지 않고 오롯이 무의식만 작용하는 동물이라고 볼 수 있다.

혼자서 게임만 하는 경우에도 인간이 아니고 사람 자체로도 의미가 없이 동물적으로만 존재하고 있는 것뿐이다.

보통 우리가 '잘 살았다'라고 하는 것은 존재의 의미와 가치를 추구하면서 열심히 살았다는 것이다. 그러나 죽는 날까지 게임하고, 잠자고, TV 보고 또 자고 또 게임하고 그렇게 살아왔다면 그 사람에게 의미와 가치를 갖고 잘 살았다고 하지 않는다.

이처럼 사람으로 살아갈 때는 자신의 자유를 누리는 것만이 전부가 아니라 인간관계로 돌아갔을 때, 새로운 마음과 심리로 자아실현을 추구하면서 살아갈 수 있도록 준비하는 과정으로 생각하고 실천하고 노력해야 한다.

사람으로 혼자 살아가는 것은 인간관계에서 인간으로 살면서 지치고 힘들고 어려운 마음이 형성되어 자아실현을 추구하는 데 문제가 발생하였을 때 이를 잠시 힐링하고 몸과 마음을 회복하는 용도로써 사용하는 것이 좋다.

특히 사람으로 혼자 살아갈 때 책이 위대한 이유는 혼자서도 무엇인가의 지식을 인식할 수 있다는 것이다. 그리고 무의식이 작용하면서 책에서 얻은 정보를 기억하고, 표현한다. 책을 보면서 지식을 쌓고 글을 쓰는 표현을 하면서 그 자체로 행복을 느낀다. 책을 통해 얻은 지식과 경험을 인간관계에서 인간으로 살면서 사용하기도 한다. 책을 읽는 것은 생각이 작용하기 때문에 결국 마음이 작용하는 것이며, 존재하면서 의미와 가치를 추구하는 것이라 할 수 있다.

TV와 심리

남자가 행복을 느끼는 때를 살펴보자. 남자는 감정기억을 하지 못하기 때문에 멍하게 있을 때, 즉 마음이 죽었을 때와 마찬가지의 상태가 되었을 때 남자는 비로소 편안함을 느끼면서 행복을 느낀다. 게임을 할 때에는 행복이 아니라 쾌락을 느끼는 것이다. 또한, 계속 TV만 시청하고 있으면 멍 때리는 것이지만, 그러다가 무엇인가를 생각하고 기억하면 어떻게 될까?

이 원리를 적용하면 TV드라마는 위험하다. 인식되어 생각하고, 기억하고, 표현하게 될 때 만약 인식되는 것이 막장드라마였으면 막장에 대한 기억을 누구에게 표현하겠는가? 가장 가까운 사람에게 하게 된다. 결국 TV나 언론이 사람과 인간의 마음에 미치는 영향은 매우 크다고 할 수 있다.

만일 TV 속 막장드라마를 보고 표현하는 것이 아니라, 서로 이야기하면서 대화한다면 문제가 없다. 왜냐하면 함께 대화할 수 있는 존재의 의미와 가치를 추구하는 것이기 때문이다. 그러나 인식과 기억은 계속하면서 표현하지 않는 것은 언젠가는 다른 누군가에게 표현하게 된다. 이것이 현실이다.

유럽의 사람들은 한국의 사람들과 다르게 저녁약속을 잘 하지 않는다. 저녁시간은 가족과 함께 보내는 것으로 인식되어 있기 때문에 약속은 가능하면 점심 때로 정한다. 그래서 점심문화가 활성화되어 있다. 그들도 사람과 인간에 관련된 똑같은 기본 원리를 갖고 살고 있다는 사실을 알아야 한다.

청소년 성교육의 슬픈 현실

요즘 청소년들을 보면서 슬픈 이유 중에 하나가 성교육이 잘못되어 심각해지는 것이다. 이 성교육에 대해서는 앞으로 심리포럼에서 알게 되겠지만, 교육이 얼마나 중요한지 대부분의 사람들은 잘 모른다.

현실의 교육에서 학생들에게 지식을 알려 주고 인식하라고 하는데, 이는 학생들에게 표현하라고 가르쳐 주는 것이다. 그래서 성교육은 학생들에게 성(性)을 표현하라고 가르쳐 주는 것임을 알아야 한다.

반드시 지식교육을 하기 전에 '마음의 작용원리'를 정확하게 알려 주어야 한다. 알려 주는 것이 중요하지 가르치면 안 된다. 청소년들에게 지식교육이 마음과 심리에서 어떠한 영향을 미치게 되고, 청소년들에게 필요한 것들을 알려 주면, 교육의 목표와 효과가 정확하게 나타난다.

이 원리로 상처의 기억과 부정감정을 변화시키면 자아실현을 추구하면서 행복을 추구할 수 있는데, 구체적으로 하나씩을 실현해 가는 방법이 궁금할 것이다. 이 방법은 각자 개인의 기억을 기초로 실현해야 한다. 다른 사람의 기억과 생각이 아니라 각자 자신의 기억을 기초로 해야만 한다. 자신의 자아실현이기 때문이다.

여러분 각자의 기억이 다르기 때문에 자아실현은 전문가에게 의존하지 말라고 하는 것이다. 심리포럼을 통하여 마음과 심리의 원리를 알고, 그 원리를 기초로 자신들의 기억에 의하여 자신의 자아실현을 위한 방법을 만드는 것은 각자 개인이 해야 할 몫이다.

커닝의 심리

예를 들어 커닝을 보자. 본인의 능력대로 시험을 보는 것은 당연하지만 시험을 보는 사람들도 자아실현의 욕구를 갖고 자신의 의미와 가치를 추구하는 것은 당연하다. 그러나 시험을 잘 치르고 싶은데 자기의 지식이 조금 부족하다는 것을 느끼면서 커닝이라는 아이디어를 생각해 내는 것이다. 커닝을 해도 감독하는 사람이 모를 것이라고 생각한다. 혹은 예전에 커닝을 했었는데 감독관이 봐도 모르는 척해 줬다면 어떻게 될까? 그러면 앞으로도 커닝을 해도 모를 것이고 걸리더라도 별 문제가 없을 것이라고 인식한다.

시험을 치르는 사람들은 자신의 의미와 가치를 추구하면 된다. 자신의 자아실현을 추구하고 있다는 사실만으로도 커닝을 한다는 것 자체는 똑똑하고 영민하다고 할 수 있다.

그런데 이들에게 "커닝을 하지 마라"고 말한 들 자기의 자아실현에 대한 욕구가 강하면 이 말은 무용지물이고 기억되지 않는다. 그렇다면 방법을 바꿔서 '시험 감독을 하는 사람은 분명 커닝을 해도 모를 거야'라고 생각한 것에서 반대로 '너희들이 커닝하는 것을 다 알고 있다'라고 미리 분위기를 만들면 시험을 보는 사람들은 커닝을 포기한다.

토익(Toeic)의 시험 감독을 해 보면, 시험을 치르는 사람들이 대부분 어른이고 성인이다. 더욱이 부정행위를 했을 때는 1년 동안 시험을 못 본다는 것을 알리고 시작하는데도 불구하고 부정행위를 하는 것을 볼 수 있다. 이는 부정행위에 의한 불이익과 이익을 계산했을 때 이익이 훨씬 크다고 생각하면 불이익을 감수하는 것이다. 걸리면 그저 재수가 없는 것뿐이다. 그런데 청소년이나 학생들은 불이익이냐 이익이냐를 계산할 겨를이 없다. 어떻게 보면 똑똑하고 영민한 아이들이다. 그저 자신의 자아실현을 추구하기 위해서 커닝하기 때문이다.

저자는 커닝을 한 아이들을 미워하지 말라는 말을 자주한다. 그 아이들은 그 또래에 맞게 행동한 것뿐이다. 그럴 때에는 '잘했어'라며 머리를 쓰다듬어 주면서 '선생님은 모를 줄 알았지? 그런데 네가 이렇게 하고, 저렇게 하고 다 보인단다' 이렇게 한 번이라도 포용하면서 훈계를 한다면 그 아이는 커닝하기 어려워진다.

그러나 성인의 경우에는 이익과 불이익을 계산할 때는 다르다. 이러한 경우에는 "여러분이 부정행위를 했을 때 분명 이익이 있고 이런 불이익이 있다. 이러한 이익가치가 훨씬 크기 때문에 분명히 그렇게 할 수도 있다"라고 얘기하고 시작하면 그 사람들은 부정행위를 못한다. 그 이유는 자신의 자아실현 때문이다. 그 사람들도 자신의 자아실현을 위한 이익가치가 크기 때문에 부정행위를 한다. 감독관이 모를 것이라고 생각하기 때문에 커닝은 자신에게 의미와 가치가 있다고 생각하지만, 이것을 모든 사람들이 다 아는 상태에서는 부정행위를 선택한다는 것은 자신의 의미와 가치를 상실시키는 행위이기 때문에 부정행위를 할 수 없다.

부정행위를 하면 경제적 이익이 될 수도, 경제적 불이익이 될 수도 있지만 그것보다 훨씬 중요한 것이 존재의 의미와 가치이기 때문에 차라리 성적을 못 받더라도 당당한 것이 좋다고 생각하고, 커닝을 하게 되었을 때의 자기 가치는 자신 스스로가 부끄러워서 못 견디게 된다. 그래서 아는 것과 모르는 것의 차이가 크다.

심리교육과 자아실현

마음과 심리의 원리를 알려 주는 이유는 무조건 '하지 말라'가 아니다. 이렇게 했을 때 이런 이익이 있고, 이런 불이익이 있으며, 의미와 가치를 가지는 것이 무엇인지 알려 주면 폭력을 쓰던 사람들도 폭력을 쓰지 않게 된다. 자신에게 존재의 의미와 가치가 없는 행동이라고 판단할 수 있기 때문이다. 지금까지 계속 폭력을 쓰고 범죄를 저지르며 살아왔다면, 이는 그것이 어떤 의미와 가치를 가지는지 모르면서 자신도 모르게 자신만의 자아실현을 추구한 것이기 때문이다.

그러나 청소년과 성인은 조금 다르다. 미성년과 성년의 차이에서 오는데, 성년은 자신이 한 판단과 결정으로 행동했을 때 책임을 진다. 반면 미성년은 자신의 판단과 결정의 방법을 배워 가기 때문에 행동했을 때 책임지는 방법도 배워가면서 시행착오를 겪는다. 따라서 아무리 큰 잘못을 했더라도 청소년들을 미워하면 안 된다. 잘못하였다 하더라도 그 아이들이 잘못됐다고 하면 할수록 그 아이들은 더욱 무너진다.

따라서 아이들에게 사람으로서 인간으로서 의미와 가치에 대하여 알려 주면 아이들은 자신의 기억에 의하여 스스로가 자아를 잘 형성할 수 있다. 범죄를 저지르는 청소년들이나 폭력을 행사하는 아이들이 오히려 친구를 보호해 주려 하는 것도 이와 같은 원리 때문이다.

이처럼 SNS나 게임으로 빠지는 학생들에게 "너희들이 지금 이렇게 하는 행동은 시행착오의 하나이며, SNS나 게임을 지속하면 너희들이 추구하는 의미와 가치는 이런 것들이다"라고 말해도 된다. 이때 주의해야 할 것이 있다. 다른 사람에게 이런 원리를 정확히 알려 줄 때에는 사랑이 있어야 한다. 사랑에 목적을 가지면 안 된다. 목적이 없는 사랑은 부모와 자식의 관계, 스승과 제자의 관계, 부부의 관계이다. 이 관계의 사랑에는 목적이 없다. 목적이 없는 사랑은 마음에너지가 긍정적으로 작용하면서 힐링되지만, 목적을 갖게 되면 부정적으로 마음에너지가 작용한다. 그렇기 때문에 아이들이 변하길 바라지 말고 원리를 알려 주고, 아이들이 시행착오를 겪을 때 또 알려 주면서 스스로가 자신의 자아를 형성하도록 도와주는 것이 필요하다.

결국 아이들이 행복하길 바라는 것도 목적을 가지는 것이다. 그래서 아이들이 행복하길 바라지 말고 그냥 마음의 원리를 알려 주면 된다. 아이들 스스로가 자아를 형성할 수 있도록 도와주고 알려 주는 것이 스승으로서 해야 할 사명이다.

스승과 교사

선생님들은 학생을 잘 가르치거나 학생들의 행복가치를 추구하는 목적을 가지는 경우가 있다. 바로 스승과 교사의 차이이다.

교사는 직업적인 목적의식이고, 스승은 자신의 의미와 가치를 가르쳤던 아이들이 성장해서 행복하게 살아가는 것에 부여하는 사람들이다.

스승들의 공통점은 아이들에게 이래라 저래라 하지 않는다. 다만 인간으로 살아가는 의미와 가치를 어떻게 만드는지 직접 자신이 실천하면서 이끌어 준다. 그런 사람을 위대한 스승이라고 한다.

말로는 좋은 이야기를 하면서 정작 자신은 실천하지 않다면 이는 스승이 아니라 그저 가르치는 직업을 가진 교사일 뿐이다.

'남들을 사랑하라'라고 말로 가르치는 것보다 다른 사람들을 사랑하는 것을 묵묵히 실천하면서 다른 사람들이 알아주는 것과 상관없이 기쁘게 생각하는 사람이다. 이런 사람이 참된 스승이다. 선생님들이 이러한 스승이 되었으면 좋겠다고 생각한다.

스승은 아이들이 스스로 깨우칠 수 있도록 도와주는 것이지 지식을 전달하는 지식전달자가 아니다. 직접 실천하고 보여 주면 아이들이 이를 보고 듣고 느끼면서 스스로 자아실현에서의 의미와 가치를 형성하고 만들어 간다. 이는 아이들의 몫이지 스승의 몫이 아니다.

간혹 아이들이 엇나갈 수도 있지만 이러한 스승이 존재한다면 아이들은 자아실현을 위하여 스승에게로 돌아온다. 기억에서든 생각에서든 현실에서든 되돌아갈 수 있고 바로 잡을 수 있다.

토크쇼의 심리

TV에서 패널들과 관객들이 소통하는 강연을 생각해 볼 수 있다. 이는 토크쇼 형태가 되지만, 이야기를 나눈 사람과 이야기를 나누지 않은 사람들은 차이가 있다.

토크쇼에 참석하여 이야기를 나눈 사람은 서로의 감정이 작용하면서 서로에게 도움이 된다. 물론 서로 이야기를 하는 것이 스트레스와 상처에 관련된다면, 남자는 재미있을 것이고 여자는 간접경험에 의하여 상처가 커질 것이다. 따라서 토크쇼의 방송에서 원하는 재미와 자극, 즐거움과 기분전환 등은 심각한 감정의 작용에 문제를 유발한다.

토크쇼에서는 자극적인 주제, 스트레스와 상처의 주제 등을 해서는 안 된다. 이는 자칫 토크쇼의 패널이나 시청자에게 심각한 스트레스와 상처로 작용하면서 개인, 가정, 사회 등을 무너트리는 역할을 할 수 있다.

예전에 연예인 부부들이 패널로 참석하여 부부간의 상처를 토크쇼로 진행한 적이 있었다. 이때 패널로 참여했던 부부는 행복하게 잘 사는 부부였는데 토크쇼 이후 이혼을 했다. 이혼을 마음먹은 데에는 토크쇼와도 관련 있다. 바로 부부간의 남편과 아내에게서 무의식이 작용한 것이 원인인데, 결과는 아무도 알지 못했다.

결국 토크쇼에서는 '마음과 심리가 작용하는 원리'를 기초로 하여 패널과 시청자에게 이를 자연스럽게 알아갈 수 있도록 하면서 스트레스와 상처를 주제로 하여 재미와 즐거움을 추구한다면, 매우 유익하면서도 재미있는 프로그램을 만들 수 있다.

저자가 방송출연의 요청을 자주 받지만 매번 거절한다. 그 이유는 방송에서 원하는 것은 재미있고 즐겁고 자극적인 것이기 때문이다. 특히 저자는 중증 심리장애의 심리치료를 위한 상담을 많이 해 왔기 때문에 방송출연 요청이 자주 온다. 결국 방송에서는 적정수준의 정도를 유지하면서 패널 간의 조화도 원하게 되는데, 그렇게 되면 마음과 심리가 작용하는 원리는 중요하지 않게 된다.

저자가 원하는 것은 마음과 심리가 작용하는 원리를 많은 사람들에게 알려 주는 것이기 때문에 방송출연을 거절할 수밖에 없다.

사람들이 자아실현을 해 나가면서 자신의 존재의 의미와 가치를 스스로 알아 가는 것이 중요하다. 이를 위해서는 반드시 마음과 심리가 작용하는 원리를 알아야 한다.

거꾸로 교실의 문제

'거꾸로 교실'이라는 교육프로그램을 보면서 저자는 개인적으로 반대했었다. 그 이유는 스승과 제자의 인간관계가 빠져 있기 때문이다. 이 교육프로그램에서 선생님은 지식전달자도 아니고, 학생들끼리 문제를 해결해 갈 수 있도록 함으로써 지식교육의 효과는 좋을 수 있으나 마음에는 문제가 발생하게 됨으로써 교사보다 못한 교육방법이라 할 수 있다. 인터넷 강의를 듣고 학생들끼리 토의하면서 공부하는 것과 다르지 않다. 그러면 선생님이 왜 필요한가? 인터넷을 검색하면 더 잘 나오는데 말이다. 바로 선생님과 학생들과의 감정에 대한 교류와 작용이 없다는 것이 문제이다.

교육의 가장 근본에는 감정이 있어야 한다. 그래야 자아실현을 위한 의미와 가치를 만들어 줄 수 있다. 지식이 중요할지는 모르나 감정에 의해 마음과 인성이 결정된다. 자아실현을 추구할 때 존재의 의미와 가치는 지식이 아니다. 지식은 자신의 의미와 가치를 실현하는 데 있어서 하나의 수단이고 역할일 뿐이다. 그러나 현실에서는 지식을 중심으로 교육하게 되면서 감정이 작용하지 않기 때문에 마음과 인성에 심각한 문제가 발생하고 있다.

'거꾸로 교실'에서 교사가 개입을 안 하는 건 아니라고 한다. 그래서 개입을 한다는 것은 사실상 교사와 학생의 관계가 맺어지기 때문에 감정을 교류할 수 있다고 한다. 그러나 사람의 관점이냐 인간의 관점이냐에 따라서 마음이 다르게 작용하는 것을 알아야 한다. 인간의 관점이 아니라 사람의 관점이기 때문에 학생들은 자신이 생각하는 관점만을 추구하면서 자기가 알고 싶은 것만 추구한다.

사람 간의 관계가 만들어질 때, 좋은 관계만 있는 것이 아니라 힘들기도 하고 아프기도 하고 어렵기도 하면서 스트레스와 상처를 받기도 한다. 그래야 스트레스와 상처를 해결하는 방법을 배우고, 다시 회복하면서 행복을 느끼기도 하고, 재미와 즐거움을 갖기도 하면서 힘들고 어려울 때 이를 극복하는 힘을 만든다. 어렵고 힘들더라도 자신의 자아를 실현해 갈 수 있는 능력이 생긴다. 자신이 원하는 것, 자신의 관점에서 필요한 것, 좋은 것만 학습해 온 아이들은 성인이 되어 자아실현을 하기 힘들고 어려운 상황이 발생하면 이를 극복하는 능력이 없어 위험하다. 최근 군대에서 자살률이 높아진 이유이기도 하다. 따라서 청소년에 대한 마음과 인성에 대한 교육이 매우 중요하다.

이처럼 '거꾸로 교실'은 인성교육이 많이 부재되어 있다고 생각한다. 스승과 제자 간의 인간관계가 중요한데 스승은 이미 온라인상에 존재하고 지식해결을 도와주는 역할만 하는 것이 문제이다. 우리가 마음을 소통할 때는 시행착오를 통하여 경험하면서 배운다. 그러나 시행착오를 최소화하면 자아형성과 인성은 제대로 형성될 수 없다. 이렇게 되면 학생들은 지식을 쌓는 것은 향상될 수 있지만 마음을 배울 수 없고, 인성을 배울 수 없다.

인간에서 사람으로 돌아가기

자신의 행복만을 추구하는 자유로운 사람이 되는 것은 인간으로서의 일상생활에서는 불가능하기 때문에 힘들 수밖에 없다. 기분전환을 하여 일시적으로는 좋아질 수 있으나 얼마 지나지 않아 다시 안 좋아지는 이유는 외부의 대상인 사람을 차단하여도 기억의 대상인 사람이 존재하기 때문이다. 혼자 있더라도 누군가를 그리워하고 생각하면 사람으로 돌아갈 수 없다. 그래서 사람과 인간의 경계점을 정확하게 알아야 한다. 내가 인간이면서 힘들 때는 기억과 무의식의 습관을 바꿀 수가 없다. 이때는 사람으로 돌아가서 기억과 무의식의 습관을 다시 재조정한 후 인간관계에 돌아와야 한다.

혼자 여행을 가서 SNS도 안 하고 다른 사람과 관계없이 지낸다면 자신의 마음이 많이 치유된다. 그런데 사람이 되는 것이 익숙해지면 남자든 여자든 사람을 인식할 때 인간관계로 인식하지 않는다. 감정이 인식되는 것이 아니라 그냥 자연 그 자체로 인식된다. 그러면서 어느 순간 몸이 건강하고 심리가 안정되었다고 인식된다. 마음이 안정되면 지적욕구 즉 자신의 자아실현이 크게 강화된다. 그러면서 다시 자아실현을 위하여 자신의 존재의 의미와 가치를 찾으려는 마음에너지가 작용한다.

인간관계에서 사람으로 돌아가는 것은 생각보다 어렵다. 우리는 한시도 쉬지 않고 자아실현의 욕구를 갖고 자기 존재의 의미와 가치를 추구하면서 살기 때문에 이것을 벗어난다는 것은 마치 죽음과 같은 느낌을 가진다. 그래서 혼자 사람으로 돌아간다는 것이 매우 힘들고 위험해질 수도 있다.

사람으로서 자유를 찾고자 아무런 생각 없이 혼자 여행을 갔는데, 자연에서 볼 때는 자신의 의미와 가치가 티끌만큼도 안 된다고 생각하여 갑자기 살고 싶어지지 않으면 어떻게 하겠는가? 그래서 죽음을 택하는 사람들이 생길 수도 있다. 누구나 사람으로 태어나서 인간으로 살다가 사람으로 죽는다. 그래서 인간에서 사람으로 전환될 때가 위험하다. 반면 사람에서 인간으로 전환될 때에는 그렇게 크게 중요하지 않다.

또한 인간에서 사람으로 되돌아 갈 때, 남자와 여자는 다르다. 여자는 현재행복을 추구하기 때문에 무너지면 무너진 채로 적응하고, 남자는 미래행복을 추구하기 때문에 어떻게든 자신을 회복시키려고 한다. 여자도 노력을 하지만 남자가 100만큼의 노력을 한다면 여자는 10만큼의 노력밖에는 할 수 없다. 그래서 남자든 여자든 마음이 무너져서 사람으로서 회복되지 않으면 여자는 무너진 채로 살아가려 하고, 남자는 이를 벗어나기 위하여 노력하거나 더 이상 살려고 하지 않기 때문에 위험하다. 따라서 여자가 좋은지 남자가 좋은지는 논할 수 없다.

자아실현의 비교문제

이렇게 되면 여러분은 인간의 자아실현이라는 것이 상대적인 것이라 느낄 수 있다. 다른 사람보다 더 나은 성취를 갖거나 성공을 위하여 다른 사람과 비교할 때 무엇인가를 추구해야만 인간이라고 하는 것인지의 의문을 가질 수 있다. 이것도 하나의 의미와 가치라고 할 수 있다. 그러나 비교가 아니라 자신이 다른 사람들에게 무엇인가 만들어 주는 것도 하나의 의미와 가치가 될 수 있다. 그래서 의미와 가치는 어떤 것이든 상관이 없고, 각 개인마다 기억하는 것이 다르듯이 의미와 가치를 추구하는 목표와 방법도 모두 다르다.

그러나 자신 혼자 만들고 스스로가 만족하면 그것은 자아실현을 추구하는 것이 아니다. 이것은 인간관계가 아니기 때문이다. 만약에 자신이 만들어서 자신이 만족하고, 이것이 다른 사람에게도 좋고 만족스럽게 된다면 이는 인간관계의 자아실현이라 할 수 있다. 또한, 자신 스스로가 아무도 알아주지 않더라도 스스로 매우 큰 가치가 있다고 하면서 혼자 만들고 만족하는 것은 인간으로서 자아실현의 추구가 아니다. 이는 그냥 자기 행복추구이다. 이것을 자아실현이라 하지 않는다.

사람의 자유는 이기주의이다

이기주의는 사람인가? 인간인가?

이기주의는 사람이다. 이기주의자는 인간관계에서 상대를 인간으로 대하는 것이 아니라 그냥 사물 또는 사람의 하나로 인식할 뿐이다. '상대가 행복하든 말든 나하고 무슨 상관있어, 나만 즐거우면 되지'라고 말할 때, 상대가 필요하다는 것은 오롯이 자신의 행복을 위한 것뿐이다. 그것이 이기주의이다.

이기주의는 사람이 상대 사람을 사물로 대하면서 자신의 즐거움과 자신의 존재와 가치를 자기만 추구하는 사람이다. 사람을 사물로 대하는 것은 인간관계에서의 이기주의이다.

그렇다면 극단적 이기주의는 무엇일까?

극단적 이기주의자는 사람을 생명체로 느끼지 않는다. 생명체가 아니고 사고팔아도 되는 물건으로 인식한다. 이를 극단적 이기주의라고 하고, SNS에서는 특히 더 심해질 것으로 예상한다. 왜냐하면 사람도 아니면서 사람인 척하는 사람들이 서로 사람관계를 형성하고 있기 때문이다.

SNS는 자신의 필요에 따라서 상대를 물건과 같이 인식한다. 이것이 SNS가 집단적 이기주의와 극단적 이기주의 문화를 만들어 내는 원인이다. 누군가 잘 나가면 꼬투리를 잡아서 한순간에 무너트리는 행동에서 희열을 느끼는 것도 집단적 이기주의 또는 극단적 이기주의이다.

PART 03
심리포럼

몸과 마음

일시: 2015년 11월 15일 (일요일)

김범영(51, 남, 심리포럼 회장, 논제발표)
박비현(33, 여, 심리포럼 사무국장)
김미경(49, 여, 당곡고등학교)
이현우(49, 남, 삼성화재)
강채영(26, 여, 양주 덕정초등학교)

몸과 마음

이번 심리포럼의 논제는 몸과 마음이다.

인간이 몸과 마음으로 구성되어 있다고 하면 사람들은 당연하다고 생각할 수 있다. 인간이면 누구나 몸과 마음이 있지만 과연 마음은 어디에 있을까? 아무도 마음이 어디에 있는지 모르지만 몸 안에 있다는 것쯤은 알고 있다.

마음(Mind)을 이야기할 때는 몸(Body)이라 하고, 심리(Psychology)를 이야기할 때는 신체(Physical)라고 한다. 여러분은 한 번도 생각해 보지 않았을 것이다. 신체는 내부의 장기까지 모두 포함한 것이고 신체가 살아 있는 생명체가 아니라 죽으면 시체(屍體) 혹은 사체(死體)라고 한다. 바로 여기에서 몸 '체(體)'자를 쓴다. 즉 살아 있느냐 살아 있지 않느냐에 따라서 신체와 사체로 나뉜다.

그런데 몸은 신체와 달리 외형만을 뜻한다. 몸은 외형만을 뜻하고 마음은 내면만을 뜻하며, 신체는 내부 장기를 포함한 모든 것을, 심리는 인식부터 표현되는 내외부의 마음작용을 뜻한다. 그래서 우리는 '몸과 마음', '신체와 심리'라고 표현한다. '몸과 심리' 또는 '신체와 마음'과 같은 말은 어색하지 않은가?

몸 안에 마음이 있고, 마음은 의식과 무의식으로 구성되어 있다. 그렇다면 어떻게 해서 몸 안의 마음이 작용하는지 살펴보자.

우선 외부의 정보를 마음으로 인식하려면 반드시 외부에서 몸을 통해서 마음으로 받아들여야 한다. 외부의 정보가 들어올 때에는 몸인 외형의 다섯 개 감각기관을 통하여 인식하고, 의식으로 자각되어 느낀다. 그리고 무의식에 의해서 외부로 말과 행동과 표정을 통해서 표현하고, 뇌에서 기억이 작용한다. 인간의 몸과 마음은 이렇게 구성되어 있다.

보이지 않는 마음과 심리를 다루고 있기 때문에 보이지 않는 것을 쉽게 한눈에 파악할 수 있도록 구조화, 체계화하여 이론을 만들었다.

인식하면 의식이 받아들이고, 기억과 상호 작용을 하여 무의식으로 표현한다. 또한 마음이 작용될 때는 반드시 다섯 개의 감각기관을 통하고, 반드시 말과 행동과 표정으로 표현하며, 반드시 기억이 작용한다. 즉 생각인 마음을 중심으로 인식, 표현, 기억 등의 심리가 작용한다. 따라서 마음이 움직인다는 이야기는 심리가 작용한다는 이야기이며, 무조건 심리와 함께 몸이 작용한다. 이를 반대로 생각해 보면 몸이 움직이면 마음이 함께 움직인다.

마음과 심리는 우주의 원리와 같다

마음과 심리의 구조를 살펴보면, 마치 지구의 단면처럼 보인다. 지구의 안에서 무언가가 움직이는데, 이를 모르면 지구가 왜 자전하고 공전하는지 알 수 없다. 인간 역시 같은 원리이기 때문에 인간을 미크로코스

모스(Mikrokosmos, 소우주)라고 표현하기도 한다.

인간의 몸 안에서 마음이 작용하는 것은 우주의 작용원리와 똑같다. 우주탄생의 원리가 난자와 정자가 만나 세포분열을 하면서 생명체가 만들어지는 원리와 똑같이 작용하는 것을 알 수 있다. 탄생 후 마음이 만들어져 가는 일련의 과정들 역시 빅뱅원리와 같다.

이와 같이 우리가 배우고 있는 인간의 마음과 심리는 모든 학문의 기초가 된다는 것을 알 수 있다. 그래서 심리학은 있어서는 안 되는 학문이라고 생각한다. 다른 학문의 위에 있는, 즉 옥상옥(屋上屋)의 학문이 되어서는 안 된다. 심리는 보편적인 학문의 기초가 되어야 한다. 본래의 사람과 인간이 갖고 있는 보편적인 학문이 되어야 하는 것이지 특정 학문으로 발전해서 다른 학문들 위에 있어서는 안 된다.

몸과 마음의 작용

몸과 마음이 작용하는 원리를 알아보자. 인간은 외부로부터 무언가를 인식해서 의식으로 느끼려면 무의식의 마음에너지가 필요하다. 이 마음에너지가 작용하지 않으면 느낌을 느낄 수 없다. 무의식이 작용하면 의식으로 자각하고 느끼게 된다. 또한 무의식이 작용할 때 함께 작용하는 것이 말과 행동과 표정으로 표현하는 것이다. 그래서 의식으로 자각하여 느끼면 무조건 무의식적으로 말과 행동과 표정으로 표현한다. 느낌이 자각되면 자신도 모르게 외부로부터 인식되어 마음으로 들어온다.

　지금 눈을 뜨고 있는 상태에서 상대가 보이지 않는다고 생각해 보자. 의식의 자각과 의지로 안 보여야 하는데 보인다. 왜 그럴까? 인식은 생각에 의하여 조정되는 것이 아니다. 신체의 시신경, 즉 감각정보가 작용할 때 이미 무의식의 마음에너지가 의식으로 느끼도록 하기 때문에 자신도 모르는 사이에 인식된다. 시각정보를 볼 때는 망막신경에 상이 잡혀서 신경이 생각으로 전달하는데, 이때 전달해 주는 에너지가 무의식의 마음에너지이다.

　몸과 마음을 세부적으로 들여다보면, 몸에서 마음까지 감각정보를 이동시켜야 한다. 눈을 통하여 시신경에서 생각까지 도달될 때 거리가 존재 할 것이고, '에너지보존의 법칙'에 의하면 반드시 힘이 작용해야만 신경에서 생각으로 전달할 수 있다. 현재까지는 몸에서 마음으로 그냥 전달되는 것으로만 알고 있을 뿐, 아무도 마음에너지의 원천을 생각하지 않는다.

　또한, 난자와 정자가 결합하면 난자는 다른 정자를 차단한 후 세포분열을 시작한다. 처음에는 2개로, 다음에는 4개로, 8개로… 계속해서 세포분열이 일어난다. 세포분열을 하도록 힘이 작용되었다는 뜻이다. 이 힘의 원천은 무엇인가? 우리가 음식을 섭취하여 얻는 에너지는 신체가 활동할 때와 내부 장기부터 신체의 생존에 필요한 에너지로 공급된다. 하지만 신경전달을 비롯한 느낌과 감각에서 작용하는 에너지는 신체의 에너지가 아니라 무의식의 마음에너지를 사용한다. 그래서 새로운 무의식의 개념이 중요하다.

여러분은 이해가 잘 안 될 수도 있다. 이해가 안 된다는 것은 이해하려는 생각이 의식으로 자각하는 것이다. 무의식의 마음에너지가 작용하여 받아들인 정보를 의식으로 전달하고, 기억과 생각의 자각으로 이해해야 하는데 이 과정에서 이해되지 않으면 스트레스가 발생하면서 자신도 모르게 말과 행동과 표정으로 표현한다.

이와 같이 무의식이 작용하여 의식이 느낌을 갖고 자각하면서 생각하면 마음에너지가 소모된다. 무의식은 끊임없이 마음에너지를 생성하고, 의식은 자각하고 느끼면서 마음에너지를 소모한다.

호기심이 많은 아이들의 심리

호기심이 많은 아이들은 어떨까? 아이들은 계속 기억에 무엇인가를 받아들이기 위하여 무의식의 마음에너지를 작용시키고 의식으로 자각하고 받아들인다. 그래서 무의식이 쉬지 않고 작용하기 때문에 아이들은 가만히 있지 못하고 말과 행동과 표정으로 표현한다. 이처럼 한시도 가만히 있지 못하는 아이가 잘못하는 것일까? 아니다. 건강한 아이다.

아이들은 기억된 경험정보가 없기 때문에 잘 살기 위하여 많은 정보를 받아들여서 기억해야 한다. 그렇기 때문에 기억을 축적하기 위하여 쉬지 않고 무의식이 작용하고 의식으로 받아들이면서 표현이 많아진다.

아이들이 활동할 때, 아이들의 두뇌를 만져 보면 열이 많다는 것을 알 수 있다. 전기를 꽂아 놓은 것과 같이 마음에너지를 계속 생성, 공급, 소모하기 때문이다. 이렇게 무의식이 계속 마음에너지를 생성하고 의식으로 공급하고 의식은 마음에너지를 소모하면서 신체에너지의 상당부분을 소모하기도 한다. 그래서 의식의 생각이 많은 직업을 가진 사람, 고민과 스트레스가 많은 직업을 가진 사람 등과 같이 마음에너지를 많이 소모하는 경우에는 살이 찐 사람이 별로 없다.

최고의 다이어트 방법은 마음고생이라고 쓴 글을 본 기억이 있다. 이는 사실이다. '외상 후 스트레스장애'가 발생하면 트라우마로 인하여 고통과 어려움을 겪기는 하지만, 무의식이 뇌를 쉬지 않게 하기 때문에 살이 빠질 수밖에 없다.

무의식은 태어나서 죽을 때까지, 심지어 잠든 시간에도 계속 작용한다. 잠을 잘 때 한 자세로 움직이지 않고 잠을 자는 사람이 있는가? 특히 아이들은 자면서 여기저기 굴러다니고 침대에서 떨어지는 일도 부지기수이다. 그 이유는 잠든 순간에도 무의식은 계속 작용하기 때문이다.

다섯 개의 감각기관을 통해서 의식으로 들어오고 느낄 때 마음에너지를 소모하면서 스트레스로 작용한다. 스트레스로 작용되다 보니 잘못하면 인식되어 들어오는 정보들이 모두 스트레스로 인식된다. 그러면서 무의식을 통하여 말과 행동과 표정으로 표현하는 것이 저절로 함께 작용한다. 이때 말과 행동과 표정으로 표현하는 것이 먼저일까? 아니면 인식되어 의식에서 자각하고 느끼는 것이 먼저일까? 무의식을 통한 말과 행동과 표정으로 표현하는 것이 더 빠르다. 그래서 미처 생각으로 자각하여 느끼기도 전에 자신도 모르게 말과 행동과 표정으로 표현하는 경우가 발생한다. 그러면 자신이 표현하고 나중에 자각하고 느끼면서 자신이 놀란다. '나는 그러려고 그런 게 아닌데…' 하고 생각한다.

ADHD는 장애가 아니다

아이들은 어른에 비하여 마음에서 무의식이 많이 작용하고 있다. 그래서 많이 생각하고, 많이 표현한다. 그러나 대부분의 사람들은 이 아이가 잘못되었다고 생각하여 ADHD(Attention Deficit Hyperactivity Disorder, 주의력결핍 과잉행동장애)로 진단하기도 한다. ADHD는 남자아이들에게서 많이 나타나는데, 현재의 진단체계라면 언젠가는 전교생의 남학생이 전부 ADHD 혹은 우울증 진단을 받는 날이 올지도 모른다.

이는 ADHD가 아니라고 말하고 싶다. ADHD로 진단받은 아이들의 특징은 똑똑하다는 것이다. 기억과 생각의 작용이 워낙 강하게 발생하기 때문에 미처 의식의 자각이 따라가지 못해 무의식의 표현이 많아지는 것이다. 그래서 이런 아이들은 호기심이 매우 많은 것에 반하여 쉽게 싫증을 낸다. 그러나 몰라서 싫증을 내는 것이 아니라 벌써 머릿속에 다 들어와서 재미와 즐거움이 없어지고 이내 다른 것에 관심을 가진다. 집중력이 강한 아이들이라 이미 머릿속에 다 기억했다. 이런 아이들을 천재라고 한다.

그런데 어른들은 이것이 잘못된 것이라고 생각하면서 약을 먹이고 정신과를 전전하면서 아이를 천재로 성장하지 못하도록 한다.

이렇듯 아이들은 한시도 가만히 있지 못하는 것이 건강한 것이다. 아이의 마음에서 무의식의 마음에너지가 끊임없이 작용하면서 인식된 정보를 자신의 기억과 비교하면서 의식이 작용한다. 의식이 얼마나 많은 것을 받아들일 수 있도록 만들어 주느냐에 따라서 아이 인생의 성패가 좌우된다.

문제는 무의식인 말과 행동과 표정의 표현이 의식보다 먼저 작용한다는 것이다. 그런데 현재 어디에서도 명확하게 의식과 무의식의 작용을 구분하지 못하였기 때문에 무의식은 전혀 알지 못하는 미지의 블랙박스(Block Box)와 같이 인식한다. 그래서 사람들은 아이의 행동만을 보고 '아이가 틀림없이 이걸 받아들여서 이렇게 행동했을 것'이라고 잘못된 판단을 한다.

마음의 작용과 몸의 연결

인간의 몸과 마음은 하나로 구성되어 있는데, 마음이 작용될 때 몸이 함께 작용되고 있다는 것을 알아야 한다. 느낌을 느낀다는 것은 다섯 개의 감각기관을 통하여 들어오는 자극을 무의식의 마음에너지에 의하여 의식의 생각으로 전달하여 자각하고 느낄 수 있는 것이다. 이때 무의식이 말과 행동과 표정으로 먼저 외부로 표현하고 난 뒤 느낄 수 있게 된다.

결국 마음으로 생각만 하는 것이 아니라 다섯 개의 감각기관에 자극을 받고, 말과 행동과 표정으로 표현하면서 몸과 마음을 연결하는 마음에너지가 작용되고 있다.

그러면 다섯 개의 감각기관에 문제가 생기거나 말과 행동과 표정으로 표현할 때 문제가 생긴다면 이를 역으로 추적해 볼 수 있다. 예를 들어 머리가 아픈데 병원에서 진단을 받아도 신체에는 별 이상이 없다고 하는데도 머리는 계속 아프다면, 계속 무의식의 마음에너지가 작용하면서 원인은 알 수 없지만 무의식의 마음에너지가 뇌에 영향을 미치고 있다는 것으로 해석할 수 있다.

아이들을 보면 극명하게 나타난다. 아이들이 무엇인가에 집중하면 머리가 아프고 힘들어할 때가 있다. 어른들은 의식적으로 통제할 수 있지만 아이들은 통제가 안 되는데 이는 의식이 통제하지 못하면서 자기도 모르는 사이에 깊이 빠져들어 가기 때문이다.

무엇인가 잘못되었다고 생각으로 자각하고, 아프고 힘들다는 것은 다섯 개의 감각기관 혹은 말과 행동과 표정으로 마음에너지가 부정적으로 작용하고 있다는 뜻이다. 그것이 오래도록 작용되면 실제 신체의 질병이 되기도 한다.

어쩌면 이런 마음의 원리에 의하여 신체에 안 좋은 영향을 미치고 질병이 생기는 것은 아닐까 하고 생각해 본다. 무의식의 마음에너지가 지속적으로 신체에 영향을 미치고 있기 때문이다.

많은 사람들이 스트레스를 느끼면 먹는 것으로 해소하는 것도 마찬가지이다. 다섯 개의 감각기관을 힐링시키려는 작용 때문이다. 최근에 많은 테라피(Therapy)들이 다섯 개의 감각기관을 좋게 만드는 것과 무관하지 않다.

테라피의 오류

예를 들어 아로마테라피(Aromatherapy)는 어떤 치료법인가? 향을 이용하여 후각을 자극하는 치료법이다. 웃음치료, 음악치료, 미술치료, 독서치료 등과 같이 다섯 개의 감각기관을 자극하는 치료법 즉, 테라피(Therapy)가 매우 많다.

현존하는 테라피를 보면 심각한 문제를 내포하고 있다. 우선 테라피의 기본원칙은 감각기관을 자극하여 기분을 좋게 만들어 기분전환을 하도록 하는 것임을 알 수 있다. 이때 기분전환은 일시적인 것으로 조금 지나면 다시 테라피를 해야 하므로 중독성을 가진다.

특히 기분보다는 감정문제로 어려움을 겪는 경우에는 기분전환을 위한 테라피는 매우 치명적이다. 테라피를 할 때는 기분전환이 되어 좋아진 감정을 느끼는 듯하지만, 실제는 감정은 그대로 남아 있기 때문에 좋은 감정에서 과거의 좋지 않은 감정으로 다운되면서 이전의 감정문제보다 훨씬 좋지 않게 된다. 이것이 반복되면 감정문제는 감정장애로 전환되면서 심리장애가 발생한다.

따라서 감정문제로 어려움을 겪는 경우에 테라피를 적용하면 심리장애로 더 큰 어려움을 겪게 되는 심각한 문제가 발생한다. 결국 테라피는 치료법이라기보다는 기분전환을 위한 맛있는 한 끼 식사의 대용이라고 밖에 볼 수 없는 것이다.

푸드테라피(Foodtherapy)는 미각만이 아니라 음식의 시각, 후각, 미각을 통하여 감각기관을 자극하는 치료법이다. 간혹 일부의 사람들은 푸드테라피도 청각과 촉각이 작용한다고 한다. 이는 틀린 것은 아니지만, 음식을 몸에 발라서 먹고, 음식을 할 때 나는 소리 혹은 음식에서 나는 소리를 들어야 하는 것은 좀 무리이지 않은가 생각해 본다. 알몸수면요법이 건강에 좋다고 하여 옷을 모두 다 벗고 돌아다니라는 것과 같은 이치라고 할 수 있다. 우리는 사회생활을 하면서 지켜야 할 도덕과 윤리와 규범이 있다. 인간관계를 갖고 살아가는 데 있어서 조화와 질서에 위배되는 것은 하지 말아야 하기 때문이다. 이와 같이 푸드테라피를 청각과 촉각에는 적용하지 않는 것이 바람직하다고 생각한다.

심리치료를 위한 몸의 작용

우리가 정확히 알아야 하는 것은 마음에서 작용하는 무의식의 마음에너지가 몸에도 전달되고 있다는 것이다. 마음은 외부에서 인식되어 받아들이고 외부로 내보내면서 표현한다. 만약에 마음에 문제가 생기면서 아프고 힘들고 좋지 않다고 한다면 무엇인가 변화를 시켜야 하는데, 마음을 직접적으로 변화시킬 방법은 없다. 반드시 신체를 통해서 받아들이거나 내보내야 하기 때문에 직접적인 치료의 방법은 마음이 아니라 몸을 통해야 한다. 몸을 통해서 마음으로 들어가거나 나올 수 있기 때문이다.

이때 몸을 다루는 방법은 두 가지가 있다. 하나는 몸을 통해서 받아들이는 인식의 방법(인지법)이고, 하나는 몸을 통하여 표현하는 방법(행동법)이다. 또한, 기억은 다룰 수가 없지만, 최근 의학기술의 발달로 뇌에 직접적으로 자극을 주고 인위적으로 조작하기도 하지만, 조작 후 다시 인식하여 받아들이는 기억은 어떻게 해야 하는지는 모른다. 그래서 뇌를 조작하는 것만으로는 치료가 되지 않는다. 그만큼 뇌 과학은 마음과 심리를 잘못 해석하면 매우 위험하다. 결국 인간을 인위적으로 조작하겠다는 것과 같다.

마음과 심리의 작용원리에서는 기억의 조작이 불필요하다. 몸과 마음이 서로 연결되어 있기 때문에 마음에 문제가 생기면, 인식하는 것을 바꾸기 위한 인지치료법, 표현하는 것을 바꾸기 위한 행동치료법, 인식과 표현을 동시에 바꾸기 위한 인지행동치료법이 개발되었다. 이는 몸을 통하여 마음을 다루려는 연구의 결과이다. 그러나 인지치료법, 행동치료법, 인지행동치료법 등은 문제가 있다. 무의식의 원리가 제대로 해석이 되지 않았기 때문에 마음을 치료할 때 $1/n$의 성공확률을 가진다. 결국 $n-1$은 치료되지 않고 예전 상태로 다시 돌아간다. 치료가 된 듯 보이지만 일정기간이 경과하면 치료 이전의 상태로 다시 돌아간다. 마음에서 작용되는 무의식을 해석하지 못하기 때문이다. 따라서 의식보다는 무의식을 해석하는 연구가 필요하다. 무의식을 모르면 의식을 정확히 알지 못한다. 무의식의 마음에너지에 의하여 의식에서 느낌을 느끼고 자각할 수 있기 때문이다.

무의식의 구성

무의식은 두 가지로 구성되어 있다. 첫 번째는 의식의 무의식으로서 '존재하지만 느끼지 못하는 습관'이고, 두 번째는 '존재하지 않고 작용만 하는 마음에너지'이다.

무의식의 마음에너지에 의하여 작용하는 습관은 존재하면서 자각하지 못하는 무의식이다. 그래서 마음을 치료할 때 말과 행동과 표정의 표현과 관련된 습관을 바꾸는 것이다. 즉 의식의 무의식을 바꾸는 것이다. 이것을 '습관변화' 또는 '성격변화'라고 한다. 성격심리라는 표현을 하는데, 성격은 '습관에 마음에너지인 감정이 작용하면서 말과 행동과 표정으로 표현'되는 것이다. 대부분의 사람들이 성격을 바꾸지 못한다고 이야기하지만, 무의식을 정확히 알고, 무의식 치료법을 적용하면 성격을 바꾸는 것은 쉽다.

성격을 바꾸려면 먼저 자신의 표현과 상대의 표현이 왜 발생하는지를 정확하게 알아야 한다. 의식과 무의식의 작용원리를 정확하게 알면 놀랍게도 표현을 바꿀 수 있다. 그동안 무의식을 정확히 해석할 수 없었기 때문에 성격을 못 바꾸고, 안 바뀌었던 것이고, 누구도 원리를 알지 못했으니 성격은 바뀌지 않는다고 했던 것이다. '세 살 버릇, 여든까지 간다'고 했지만 마음의 작용원리를 알면 쉽게 바뀔 수 있다.

이 마음의 원리를 정확히 아는 것을 깨달음이라고 한다. 그래서 죽을 때 깨닫는다고들 한다. 깨닫게 되면 그동안 모른 채 살아온 모든 것이 해석되면서 자신과 상대의 인식, 기억, 표현 등의 작용원리가 해석되어 마음을 정확히 알 수 있기 때문에 죽고 싶어진다고 한다. 그만큼 정신적으로 큰 고통이 발생한다는 것이다. 인간의 마음을 모두 해석하게 되면 자신도 모르게 매우 힘들어지므로 깨닫지 말라고 이야기한다.

마음을 해석하기 위해서는 반드시 습관과 마음에너지가 무의식에서 작용하는 것을 알아야 한다. 이때 습관은 존재하고 있으나 자각되지 못하는 것이다. 그래서 이 습관을 변화하는 것이다. 몸과 마음을 연결할 때, 몸에 문제가 생기면 마음을 통하여 몸을 치료하고, 마음에 문제가 생기면 몸을 통하여 마음을 치료한다. 이 '무의식 치료법'은 놀랍게도 정확하다. 다만 마음에 문제가 생기면 몸을 통하여 마음을 치료한다고 하여 몸에 자극을 주는 것이 아니라 몸을 통한 인식과 표현을 변화하는 것이다.

인지행동치료법의 치료확률

인지행동치료를 살펴보면 기존의 인지치료법과 행동치료법보다는 효과가 더 좋지만 여전히 치료의 확률은 낮다. 이 인지행동치료법에 추가하여 마음의 작용원리를 정확하게 알면, 열에 아홉은 어렵지 않게 치료할 수 있다. 현재의 인지행동치료법에 '무의식 치료법'을 연결하면 불과 10%(열에 하나)에 불과한 치료성공률이 거의 100%에 가까울 정도로 완치될 수 있다. 그만큼 기존의 심리와 상담에서 이미 치료기법은 모두 개발되어 있다.

심리학이 존재하는 이유는 마음을 치료하기 위함이다. 그러나 우리가 원하는 것은 가능하면 마음에 문제 또는 장애가 발생하지 않도록 예방하는 것이다. 언젠가는 모든 사람들이 마음의 작용원리를 알고 자신의 마음에 문제와 장애를 예방할 수 있게 되면 치료가 필요하지 않을 것이다.

마음의 문제와 장애는 몸을 통하여 인식과 표현에 의하여 치료하는데, 무의식의 습관에 의하여 표현하는 것이 인식보다 효과가 좋다. 습관은 마음에너지가 작용하여 의식으로 자각할 수 있도록 하는 역할을 하기 때문이다.

심리극을 통한 심리치료기법이 있다. 억압된 감정을 해결하기 위하여 말과 행동과 표정으로 표현할 때, 폭력적인 표현을 하는 경우가 종종 있는데, 심리극을 할 때는 마음이 편해지고 치료가 되는 듯 보인다. 일시적으로 기분전환은 된다. 그러나 일상생활에서 작은 스트레스라도 발생하면 자신도 모르게 폭력적인 표현을 하게 된다. 이렇듯 심리치료도 잘못하면 인성을 변화시킬 수 있기 때문에 마음과 심리의 작용원리를 정확히 알아야 한다.

저자는 심리극의 치료법을 반대하는 편이다. 심리극은 상대가 어떤 생각을 했는지 알아가는 과정인데, 심리극을 할 때는 그때 그 상황에서 표현하는 상대를 이해할 수는 있지만 다른 상황, 다른 문제가 닥치면 이해되지 않는다. 즉 기억에 의존하면서 의식의 작용만 알 수 있을 뿐, 마음의 작용원리를 전혀 모른다.

심리극은 결국 문제가 발생할 때마다 심리극을 통하여 상대의 입장이 되어 볼 수 없기 때문에 지속성이 없다. 의식과 무의식이 작용되는 원리를 알지 못하니 계속 상대방의 입장이 되어야 하는 것이다.

상담의 역효과와 정신병증의 발생

며칠 전 2년 만에 상담을 오신 분이 있었다. 마음이 아파서 찾아왔었는데 정신병증으로 확대되어 다시 찾아 온 것이다. 2년 전에 마음과 심리의 원리를 교육했다. 이 교육을 하면서 치료의 방법에 대하여 알려 주었지만, '별 다른 것도 없고, 뭐 특별한 것이 있겠어?'라고 생각하면서 포기했다.

그 후 열 곳에 넘는 상담실에서 상담을 받다가 역술에 의존하면서 '피를 뽑고 새로운 피를 넣는 이상한 치료법'까지 실행했다. 그래도 바뀌는 것은 없고 너무 힘들어서 다시 찾아왔다. 어느 곳을 가도 마음의 문제를 해결할 수 없었고, 오히려 더욱 악화되어 정신질병으로까지 확대된 것이다.

이 분이 귀가 얇고 판단능력이 떨어져서 그런 것이 아니다. 아픈 마음을 치료하고 행복하게 살고 싶기 때문에 그랬던 것이다. 그러나 2년이 경과하는 동안 상담을 지속했음에도 중증 심리장애가 되어 돌아왔고, 어쩔 수 없이 정신과의 진단을 받아 약물치료와 함께 심리치료를 병행할 수밖에 없었다.

이런 현상은 종종 발생한다. 이는 누구도 마음과 심리의 원리와 이치를 알려 주지 않았기 때문에 결국은 몸도 마음도 모두 악화된 것이고, 이를 회복시키려면 일단 작용되는 무의식을 멈추어야 하는데, 이미 몸까지 악화된 상태이기 때문에 정신과 약물치료를 통하여 물리적으로 몸과 마음의 작용을 약화시키는 방법을 사용할 수밖에 없었다. 마음만으로는 심리를 통제할 수 없으니 몸도 통제되지 않으면서 자신 스스로에 의하여 더욱 악화된 상태가 된 것이다.

마음에 의하여 심리를 통제할 수 있을 때는 심리치료만으로 충분히 가능하지만, 마음과 심리로 통제가 불가능한 상태가 되면 물리적인 통제가 필요하다. 그래서 정신과 처방에 의한 약물치료를 통하여 마음과 심리가 왜곡되어 작용되는 것을 통제해야 한다. 이렇게 몸과 마음을 동시에 통제를 하면서 심리치료를 병행하여 마음을 회복해야 한다.

마음이 무너지고 망가지는 것은 쉽지만, 마음을 회복시킬 때는 오랜 시간이 소요되고 그만큼의 노력이 필요하다. 그래서 마음을 치료하는 것보다는 마음의 문제와 장애를 미리 예방하는 것이 더 중요하다.

상담할 때 몸의 병증을 분석하라

몸과 마음이 함께 작용하기 때문에 여자의 경우에는 심리에 문제가 지속되면 생리증후군이 먼저 발생하고, 남자의 경우에는 두통 또는 심장에 이상이 온다. 몸에 이상이 왔다는 것은 오래 전부터 심리의 문제가 지속적으로 작용한 결과이다. 결국 심리의 문제와 장애는 몸으로 병증이 나타나야 느끼고 알 수 있다.

따라서 상담할 때는 몸의 병증을 가장 먼저 분석한다. 언제부터 얼마나 오랫동안 병증이 지속되었는지 분석하면 마음과 심리가 언제부터 문제로 작용하였는지 분석할 수 있다.

이를 기초로 마음을 회복하여 몸도 회복하도록 방법을 찾는다. 단순하게 마음만 회복해서는 안 된다. 무의식의 마음에너지를 통하여 마음을 회복하면서 동시에 몸도 함께 회복될 수 있어야 한다.

이는 충분히 가능하다는 것을 지난 3년 이상의 기간 동안 검증했다. 무의식의 마음에너지가 습관을 통하여 의식으로 자각되도록 하고, 인식과 표현으로 작용되도록 함으로써 몸을 통한 인식, 몸을 통한 표현에서 마음에너지가 작용하도록 할 수 있다. 무의식의 마음에너지가 몸과 마음에 순기능으로 공급될 수 있는 방법이 심리치료의 기본이다.

　이때, 여자와 남자의 차이가 있다. 여자의 마음에너지는 감정으로 작용하고, 남자의 마음에너지는 기분으로 작용한다. 따라서 여자는 좋은 감정에 몰입하면 사랑이 발생하고, 남자는 좋은 기분에 몰입하면 열정이 발생한다. 또한 여자의 사랑은 주는 사랑이 아니라 받는 사랑이다. 그래서 여자는 좋은 감정에 몰입하여 사랑을 느끼려면 관심이 필요하다. 여자에게 관심이 중요한 이유이다.

　따라서 여자의 마음에너지는 말과 행동과 표정의 표현에 영향을 받는다. 다만 여자에 대한 관심이 좋은 것만은 아니다. 여자에게 관심은 불편함의 스트레스를 동반하는데, 이 불편함의 스트레스가 즐거워지고 몰입할 수 있게 되면 사랑의 감정이 된다. 이에 따라 처음에 남자가 여자에게 관심을 갖게 되면 여자는 신경이 쓰이면서 불편함의 스트레스가 생긴다. 시간이 지나면서 남자의 관심을 느끼고 불편함이 즐거워지기 시작하면 그때부터는 불편함이 사랑의 감정이 된다.

　반면 남자의 열정은 주는 데서 오는 기분이다. 남자는 감정이 아닌 기분에 따라 작용하기 때문에 '좋다 나쁘다'의 기준을 갖고, 즐거움을 느낄 수 있는 감각의 자극이 필요하다. 자극이라는 것은 직접 느껴야 하는 것이기 때문에 남자의 마음에너지는 다섯 개의 감각기관에 영향을 받는다.

심리치료와 불편한 감정

여자의 마음을 회복시키려고 할 때는 마음을 불편하게 만드는 것이 중요하다. 마음이 불편하면 처음에는 힘들고 어려워한다. 그러나 의지를 갖고 노력하다 보면 마음에너지의 작용으로 인하여 마음이 안정을 찾고 회복하기 시작한다. 이것이 사랑의 감정이다. 이때 불편함을 주는 대상이 무엇인지가 중요하다. 불편함을 주는 대상에게 사랑의 감정이 작용하기 때문이다.

그러면 이 불편함을 어디에 작용시켜야 하는 것인지 생각해야 한다. 여자는 말과 행동과 표정의 표현에 의해서 무의식의 마음에너지가 작용하기 때문에 외부로 표현되는 것을 불편하게 만들어야 한다.

외부로 표현하는 것을 불편하게 하는 대표적인 방법이 패션테라피(FashionTherapy)이다. 지금까지 10년 이상 여자들에게 패션테라피를 적용하였고, 실패한 경우는 단 한 번도 없었다. 보이는 것과 표현하는 것의 대표적인 것이 패션인데, 이 패션을 불편하게 하면 기분은 나빠지고 생각도 불편해진다. 그러나 시간이 지날수록 자신도 모르게 나쁜 기분의 주기가 짧아지면서 마음이 점점 회복된다. 불편해진 후 불편함을 좋아하면 사랑의 감정이 만들어진다.

여자에게 사랑은 남녀 간의 애정만을 의미하는 것이 아니다. 어느 것이든 몰입하고 관심을 받는 것이 사랑이다. 여자가 사랑을 하면 주변의 모든 것이 다 좋아지는데, 만약 좋고, 싫고의 구분이 명확하다면 그것은 사랑이 아니다. 사랑이 형성되지 않았기 때문에 불편하지 않고 그냥 편안하게 느낀다는 뜻이다. 이런 상황이 되면 마음이 회복 또는 치료되지 않는다. 이때는 더 불편하게 해야 한다.

남자를 회복시키려고 할 때는 기분을 좋게 한다. 남자는 다섯 개의 감각기관에 자극을 통하여 무의식의 마음에너지가 기분으로 작용하기 때문에 다섯 개의 감각기관 중 감각정보를 기분 좋게 만들면 열정의 마음에너지가 작용한다.

따라서 부부 혹은 커플이 함께 마음을 치료하기 위하여 오는 경우엔 치료가 매우 쉽다. 여자는 표현하는 것을, 남자는 인식되는 것을 좋게 만들면 되기 때문이다. 이것이 바로 몸과 마음이 함께 작용하는 원리이다. 몸과 마음은 개별적으로 분리되어 작용하는 것이 아니라 함께 작용하고, 의식과 무의식이 함께 작용하면서 몸에 영향을 준다.

뇌세포를 생성할 수 있을까?

인식하고, 표현하고, 기억하는 과정에서 뇌에 영향을 준다. 그런데 뇌에 문제가 생기면 어떻게 될까? 우선 인식되어 들어온 정보를 통하여 무의식의 마음에너지가 함께 작용하고, 의식으로 기억하려면 무의식의 마음에너지가 기억의 데이터를 자각하면서 느낀다.

이 마음에너지가 부정적으로 작용하면 뇌세포에 나쁜 영향을 줄 것이고, 긍정적으로 작용하면 뇌세포에 좋은 영향을 줄 것이다. 이 논리에 따르면 긍정의 마음에너지를 뇌에 작용하도록 하면, 새로운 뇌세포를 생성할 가능성이 있다.

뇌세포가 죽어 가는 경우에 뇌세포를 생성할 수 있는 방법은 매우 중요하다. 의사와 공동연구를 하면 가능할지도 모른다고 생각한다. 어떤 정보가 외부에서 인식되면 뇌가 작용하고, 시신경과 같은 감각신경이 작용하는 것 등은 현재의 의학에서 연구되어 있기 때문에 문제가 생긴 뇌에 뇌세포를 생성하는 다양한 방법을 공동으로 연구하면 좋을 것이라 생각한다.

예를 들어 눈이 보이지 않는다면 시각이 아니라 옆에 인접해 있는 청각에 관련된 정보를 뇌와 연결시켜 시각으로 연결해 가면 되는지 등과 같은 연구를 지속적으로 해 볼 수 있다면 세포가 생성되는 것은 가능성이 있다고 본다. 다섯 개의 감각기관이 작용되는 것과 말과 행동과 표정의 표현은 보이지만 뇌에서는 어떻게 작용되는지 모르기 때문에 저자가 논할 수 없다. 저자는 의사가 아니기 때문에 뇌를 모른다. 이는 뇌 과학자들이 연구하기를 바란다.

몸으로 인식되고, 몸에 의하여 표현하며, 뇌에 기억되면서 느껴지는 것들이 무의식의 마음에너지와 연결되어 있다. 그래서 마음은 인식, 표현, 기억 등의 중심에서 심리작용을 컨트롤하고 있는 컨트롤타워(Control Tower)라고 생각하면 된다.

인간의 위대한 능력은 마음을 갖고 생각하는 것이다. 이렇게 컨트롤타워에 의하여 모든 심리가 작용된다면, 마음을 연구할 때 반드시 다섯 개의 감각기관과 말과 행동과 표정을 해석해야만 실제로 몸과 마음을 해석할 수 있다. 그래서 신체가 아프면, 심리적인 문제인지 신체질병인지 알아야 한다. 감기에 걸렸을 때 감기약을 복용하면서 마음에너지가 긍정적으로 작용되도록 할 수 있다면 감기약의 효과가 훨씬 빠르게 작용될 수 있다.

따라서 우리는 몸과 마음이 함께 작용한다는 것을 반드시 알아야 한다. 마음과 몸이 따로 작용하는 것이 아니라 마음과 함께 몸도 작용한다.

자아실현의 왜곡된 문제

인간은 누구나 자아실현(自我實現)을 추구한다. 이때 자아실현을 추구하는 방법이 같은 사람은 한 사람도 없다. 그래서 인간은 각 개인별로 다른 자아실현을 추구한다.

자아실현을 보면 남자는 대체적으로 인생의 가치를 추구하면서 사회적 가치, 인간관계의 가치, 경제적 가치를 추구하고 있다. 또한 여자는 대체적으로 삶의 의미를 추구하면서 현재에 느껴지는 행복한 삶을 추구하고 있다.

그러나 현실에서는 자아실현이 획일화되면서 심각한 마음의 문제가 발생하고 있다. 경제적 가치인 성공지향과 외모지향의 가치를 추구하는 것으로 획일화되면서 인간으로 살기보다는 사람의 관점에서 자유만을 추구하고 있다.

인간이라면 누구나 몸이 있다. 외모가 잘생기고 못생기고, 몸매가 좋고 나쁜 것은 중요하지 않다. 몸은 마음을 보호하기 위해서도 필요하지만 우선적으로 생존하여 존재하기 위하여 필요하다. 외모와 몸매에 관계없이 건강하면 마음은 행복을 추구한다. 즉 자아실현을 추구하는 것이다.

이 자아실현은 외모지향이 아니다. 자신이 생존하여 존재하는 의미와 가치가 있어야 하는데, 사람들은 의미와 가치를 외모와 몸매 그리고 돈에만 초점을 갖고 그것을 지향하고 있다.

사람들은 이 두 가지에 중심을 갖기 때문에 마음의 문제와 마음의 장애가 생긴다. 자신에게 문제가 있다고 생각하기 시작하면 몸과 마음이 제 기능을 못하기 때문이다. 몸과 마음이 제 기능을 하려면 건강한 몸을 갖고 있는 것만으로도 좋다. 그러면 자아실현을 추구하면서 건강한 몸에서 여자의 아름다움과 남자의 멋진 모습이 만들어진다.

최근 성형과 노출이 유행하면서 사람들의 마음이 점점 힘들고 고통스러워지고 있다. 자신이 얼마나 존귀한지 느끼지 못하는 것이다. 자신이 가장 소중해야 하는데 대부분의 사람들은 이를 모른 채 살고 있다. 자신이 사람이면서 인간이고, 살았기에 몸과 마음으로 구성되어 있고, 자아실현을 추구하고 있다는 것을 모른 채 자신을 잃어버리고 살아가는 것이다.

나와 기억 그리고 변화하기

그러면 '나는 누구일까?' 하고 질문을 해 보자. 내가 느끼고 있는 몸이 나일까? 내가 마음을 갖고 생각하고 있는 것이 나일까? 진정한 나는 무엇일까? 이렇게 한 번쯤은 '나'를 연구하고 찾아 볼만한 가치가 있다.

과거의 기억에서 스트레스와 상처는 문제되지 않는다. 과거의 기억일 뿐이다. 현재는 어떠한가? 현재도 스트레스와 상처로 인하여 힘들고 아프다면 그 또한 상관없다. 현재를 살아가면서 자아실현을 추구하는 것이 잘못되었다고 생각되면, 마음이 작용하는 것을 변화하면 된다. 인간의 기억은 우리가 생각하는 것보다 위대한 작용을 한다. 내가 살아오면서 아프고 힘들었다면, 어떻게 해서 아프고 힘들게 되었는지, 그렇게 살면 아프고 힘들게 될 것이라는 것을 기억하고 있다. 그래서 뇌에 좋지 않은 자극이 될 때 이것에 영향을 받으면 다시 힘들고 아파질 것을 알고 있다.

우리는 역사를 통하여 미래를 예측할 수 있다. 즉 내 과거의 기억으로 자신의 미래를 예측할 수 있다는 뜻이다. 그렇다면 현재 나는 나의 과거 기억으로 잘 살고 있는가? 내 아이에게 내가 살아온 것처럼 '이렇게 살아라'하고 권할 수 없다면 내가 살아오면서 무엇인지는 모르지만 문제가 있다는 뜻이다. 그러면 살아온 과거의 감정기억을 바꾸면 된다. 차마 기억을 버리지 못한다면 안 바꾸는 것은 당연하다. 그렇게 해서는 바뀔 수 없다. 현재보다 더 나빠질 것이 없다고 생각하고 나의 모든 것을 바꿔야 한다.

그렇다면 무엇을 바꿔야 할까? 사람들 대부분은 몸을 바꾸려고 한다. 그러나 몸을 움직일 수 있는 것은 마음이라 했다. 마음을 바꾸면 몸도 함께 바뀌게 되어 있다. 너무 어렵고 힘들게 노력할 필요는 없다. 가장 좋은 방법은 몸과 마음이 하나로 결합되어 함께 작용하고 있다는 것을 알고, 자신을 존중하고 살아가는 것이다. 살아가다가 문제가 생겼다면 그만큼 자신에게 이익이 되고 가치가 될 수 있다는 것을 알아야 한다. 어떻게 살아가면 문제가 생기는지 기억하고 있기 때문에 자신이 경험한 문제와 같은 어려움을 겪는 다른 사람들에게 도움을 줄 수 있다.

자신의 문제를 변화시켜서 문제를 해결한 후 그 변화에 관련된 정보로 다른 사람들을 예방시켜 줄 수 있다면 자신의 문제는 다른 많은 사람들을 도와줄 수 있는 능력이 된다. 자신의 힘들고 아팠던 것을 타산지석(他山之石)으로 삼아 자신을 회복하고 자신뿐만 아니라 다른 사람들의 자아실현을 위해서 살아 갈 수 있다. 그런 사람들이 전문가(專門家)다. 지식만을 추구하는 사람은 전문가가 아니다. 지식은 책을 쓰고 학문을 연구하는 데 쓰는 것이지 인간으로서 자아실현을 추구하면서 살아가는 것과는 관련이 없다.

학자와 선생님

교수와 선생의 차이점이 무엇인가? 교수는 학문을 연구하는 사람들이고, 선생은 자신이 갖고 있는 지식과 살아오면서 쌓은 경험으로 학생들을 건강하고 행복하게 살아갈 수 있도록 베풀며 이끌어 주는 스승과 같다. 이렇듯 학문의 스승과 삶의 스승은 다르다.

학자의 예를 들어 보면, 만약 특정한 현상을 연구했지만 전혀 쓸모없다는 결론이 났다면 사람들은 특정한 현상의 연구에 대해서는 다시 연구하지 않을 것이고, 경우에 따라서는 특정한 연구가 쓸모 있다는 것을 또 연구할 수도 있다. 이처럼 쓸모없는 것일지라도 연구는 그 자체가 학문적 가치가 있다. 결과로는 쓸모없는 것이지만, 다른 사람들이 연구를 하지 않도록 증명해 줄 수 있고, 이 연구를 기초로 더욱 발전시켜 갈 수도 있기 때문에 그만 한 학문적 가치가 있는 것이다. 학문적 발전은 지식의 발전이다. 그 지식의 발전을 토대로 새로운 것을 만들어 갈 수 있다. 즉 지식을 기초로 삶의 의미와 가치를 찾아가며 살아 갈 수 있도록 만들어 주는 것이 선생과 전문가가 해야 할 일이다.

그러나 심리학자가 실전에서 상담을 하는 것은 위험한 일이다. 그 학자의 논리 하나가 왜곡되면 그 학자로부터 지식을 배웠거나, 상담을 받았던 사람들은 모두 왜곡된 지식을 갖게 된다. 따라서 학자는 학자의 길을 가야 한다고 생각한다. 현재 이런 영역들이 모두 파괴되어 있다.

학자는 학자가 최고인 줄 알고, 종교인은 종교인이 최고인 줄 알고,

스타강사는 스타강사가 최고인 줄 알고 살아가는 그런 세상이 되어 버렸다. 종교인은 종교를 연구했던 것뿐인데 계속 속세를 논하면서 사람들과 인간의 삶과 인생을 논하고 있다. 그러면 그 한 사람으로 인하여 얼마나 많은 사람들이 킬링되는지 생각해 보라. 그 사람은 다른 사람들을 킬링하고 싶어서 킬링하는 것이 아니라, 그 사람의 지식적인 관점에서 볼 때는 자신이 올바르다는 생각과 확신을 갖기 때문에 매우 심각한 문제가 있는 것이다. 즉 자신의 지식논리에 빠져서 사람과 인간의 본질을 알지 못하고 있는 것이다.

기억의 자산과 가치

우리가 알아야 하는 것은 한 사람이 가지고 있는 기억이다. 살아오면서 좋았든 실패했든 아팠든 고통을 받았든 기뻐했든 이러한 기억들이 살아 있는 자기 자신이다. 이 기억의 자산을 근거로 인식과 표현이 어떻게 작용되는지 정확히 알고 이를 다른 사람들에게 어떻게 활용할 수 있는지 알려 주면 그 사람들의 의미와 가치를 갖고 있으며, 의미와 가치를 추구하면서 살 수 있게 된다.

우선적으로 자신의 기억으로 자신의 의미와 가치를 찾은 후에 비로소 다른 사람들을 회복시키고 의미와 가치를 갖고 살아 갈 수 있도록 하면,

건강한 사람과 인간으로 살아 갈 수 있다. 그 근본이 몸과 마음이다.

마음이 아픈 것은 나쁜 것일까? 내가 아파 봐야 다른 사람들이 아프고 힘들어할 때 비로소 아픔을 공감할 수 있다. 내가 암에 걸려 보지 않아도 과거 상처로 인하여 통증을 느껴 본 기억을 하고 있기 때문에 상대가 더 힘들고 아플 것이라는 걸 이해할 수 있다. 그러나 한 번도 아파 본 적이 없으면 '암, 그냥 수술하면 되지'라고 편하게 생각한다.

아픈 것이 무엇인지 모르면 행복을 알 수 없다. 행복도 모르는 사람이 무슨 의미를 갖고 자아실현을 하며 살아 갈 수 있겠는가? 따라서 아픔을 아프다고만 생각하지 말고, 아픔은 자신이 인간답게 살아 갈 수 있는, 즉 삶의 의미와 인생의 가치를 실현해 나갈 수 있는 기회가 온 것이라 생각해야 한다. 아픈 것을 회피하려고 하지 말고 나의 의미와 가치를 찾을 수 있는 나의 가장 훌륭한 기억의 자산이라는 것을 알아야 한다.

성격과 습관 바꾸기

오랜 세월동안 형성된 습관을 바꿀 수 있는 방법을 연구해 보자. 무의식의 마음에너지에 의하여 습관이 작용하고, 이 습관에 의하여 말과 행동과 표정으로 표현하고, 의식으로 자각되어 느낀다. 이때 무의식에서 표현과 생각을 작용하도록 하는 것이 습관이다.

습관을 바꾸려면 우선 말과 행동과 표정의 표현을 바꿔야 한다. 습관을 변화할 때는 의도적(의식적인 노력)으로 변화하려고 하면 습관은 바뀌지 않는다. 무의식의 습관을 바꿔야 하기 때문에 무의식과 같이 의미를 두지 말고 그냥 해야 한다. 가능하면 그냥 실천하고 잊어버리고, 그 후 다시 의식하면 다시 실천하고 잊어버리기를 반복하는 것이다.

이렇게 의미를 두지 않고 그냥 반복하다 보면 습관이 형성된다. 오랜 세월동안의 습관을 바꾸려고 하면 마치 자신이 아닌 것처럼, 또는 미친 것처럼 느껴질 수 있다. 그렇게 내가 아닌 것처럼 느낄 때가 변화되는 것이다. 내가 아닌 것 같은 것을 그냥 하다 보면 어느 순간 내가 편하게 하고 있게 된다. 그러면 자신은 생각도 안하고 있었는데 주변 사람들이 변했다고 이야기하면 비로소 바뀐 것을 느끼게 된다.

저자가 쓴 '학부모의 힐링'에도 기술하였듯이 '환하게 웃어라'라고 하면 대부분의 사람들은 스트레스와 상처로 아프고 힘든데 왜 웃으라는 것인지 되묻는다. 그러나 웃으면 스트레스와 상처로 인하여 아프고 힘든 것이 모두 해결된다. 그래서 습관을 만드는 가장 좋은 방법은 그냥 하는 것이다. 자신의 규칙을 정해 놓고 그냥 하는 것이다. 계획표를 만들고 난 후 의미나 이유를 갖지 말고 그냥 한다. '내가 이것을 한다고 변화될까?', '변한다고 달라지는 것이 있을까?', '변화하는 것이 무슨 의미가 있을까?', '이런다고 과거가 바뀔 것도 아닌데' 등과 같은 생각을 하지 않고 그냥 실천하고 잊는 것을 반복한다.

이와 같이 그냥 실천하는 것을 반복하면 놀랍게도 성격과 습관이 바뀐다. 즉 새로운 습관이 만들어진다. 이는 인지행동치료법 중에 가장 취약한 부분이다. 의도적으로 노력하면 의식이 작용되는 것이지 무의식이 작용되는 것이 아니다. 무의식으로 작용되면 의식하지 않고 그냥 실천해야 한다. 그러면 말과 행동과 표정을 어렵지 않게 바꿀 수 있다.

습관의 변화

  이렇게 습관을 변화할 때 남자와 여자의 차이가 나타난다. 남자는 말부터 변화시켜야 하고 여자는 표정부터 변화시켜야 한다. 그렇게 되면 서로에게 저절로 영향을 주게 된다.

  남자에게 말부터 바꾸는 이유는 말 한마디로 인생의 가치가 결정되기 때문이다. 그래서 여자는 상대의 말을 관심과 위로로 받아들이고 매우 중요하게 인식한다.

  반면 남자는 표정을 중요하게 인식하기 때문에 여자는 말보다는 표정으로 웃기만 하면 남자에게는 그냥 웃는 것이 곧 대화이다. 그냥 웃고 있으면 남자가 먼저 다가와서 미안하다는 말을 건네고 여자가 듣고 싶었던 이야기를 한다. 그런데 대부분의 사람들은 기분이 나쁘면 무의식이 먼저 작용하기 때문에 여자는 표정부터 안 좋아지고 남자는 말부터 안 좋아진다. 그 사람이 스트레스를 받았는지 아닌지 알고 싶다면, 남자에게는 말을 해 보면 알고, 여자는 표정을 보면 알 수 있다. 표현방식에는 말과 행동과 표정이 있는데, 행동은 그리 중요하지 않다. 행동은 말

또는 표정에 의하여 저절로 작용한다. 여자는 표정에 의하여 행동이 작용하고, 남자는 말에 의하여 행동이 작용한다. 습관을 변화하고자 할 때 중요한 것은 그냥 해야 한다는 것이다. 의도적으로 생각할수록 큰 스트레스가 발생하기 때문에 절대 변화되지 않는다.

만일 말을 많이 한다든지 욕을 많이 한다든지 할 때, 어떻게 무의식으로 바꿀 수 있을지 생각해 보자. 그냥 말하지 않는 것으로 바꿀 수 있을까? 그렇지 않다. 이럴 경우에는 가능하면 좋은 말, 상대에게 맞춰 주는 말을 해야 하는데 이는 의식작용으로 인하여 큰 스트레스가 발생한다. 이때 어떤 의미를 두지 말고, 어떤 생각도 하지 말고 그냥 실천한다. 상대가 뭐라고 하든 말든 상관없이 그냥 실천하는 것이다. 그러면 다른 사람들이 볼 때는 마치 미친 것처럼 보인다. 자신이 생각해 보아도 미친 것처럼 보인다.

욕을 잘하던 사람이 의식적으로 계속 좋은 말을 한다고 할 때 무의식적으로 말(욕)을 할 수도 있는데, 그러면 의도적으로 억압한 욕이 더 강하게 나타날 수 있다. 이럴 때도 그냥 변화의 과정이라고 생각하고 다시 또 그냥 실천하면 된다.

남자의 습관변화의 과정

남자가 변화되는 방식과 여자가 변화되는 방식이 조금 다르다. 변화의 과정을 총 10단계로 보았을 때, 1단계부터 시작하여 10단계까지 가야만 완벽하게 습관이 형성되고 변화되어 무의식이 만들어진다고 가정해 보자.

남자는 1단계에서 변하는 노력을 시작한다. 1단계에서 노력하여 2단계까지는 진행되었는데, 무의식의 작용에 의하여 예전의 습관이 작용하면 처음 1단계로 돌아간다. 그래도 다시 노력하면 2단계까지는 쉽게 갈 수 있고, 좀 더 노력하면 3단계까지 간다. 2단계까지는 경험이 있기 때문에 비교적 어렵지 않게 도달한다.

그렇게 3단계까지 갔다가 다시 예전의 습관이 작용하면 다시 처음의 1단계로 돌아간다. 이렇게 10단계가 되기 전까지는 과거의 습관이 작용하면 무조건 처음의 1단계로 돌아간다. 그러다 문제가 생기면 다시 돌아가고, 다시 노력하고, 다시 돌아가고, 다시 노력하고, 그렇게 9단계까지 갔다. 그런데 다시 문제가 생겨 1단계로 돌아가고, 다시 노력해서 드디어 10단계에 도달하면 그때서야 변하게 된다.

그래서 남자는 어느 날 갑자기 변한 것처럼 보인다. 하지만 남자는 변화가 될 때까지 부단한 노력을 그냥 계속 반복한 것이다. 따라서 '나는 노력해도 안 되는구나' 하는 생각을 하더라도 그냥 다시 노력하는 것이 매우 중요하다.

남자는 스트레스가 작용할 때마다 과거의 습관이 작용하면서 처음으로 돌아가기 때문에 노력의 과정에서는 변한 것이 전혀 없는 것같이 보이고, 노력의 결과에서는 순식간에 변한 것처럼 보인다. 그래서 남자는 설령 예전의 습관이 나타나도 그냥 실천하는 것이 중요하다.

처음으로 돌아갔다가 다시 노력해서 한 단계씩 변화해 가는데, 수시로 처음의 1단계로 돌아가게 되니 마치 전혀 변하지 않는 것처럼 보인다. 그렇게 9단계까지 도달했더라도 거의 바뀐 듯 보이다가 또 다시 처음으로 돌아간다. 그러면 다른 사람들은 모두 '저렇게 될 줄 알았어'라고 하지만 그때 다시 시작하면 1단계에서 9단계까지 가는 것은 어렵지가 않다. 만약 9단계까지 도달하는 데 몇 개월이 걸렸다면, 이미 경험이 있기 때문에 불과 1개월도 소요되지 않아서 9단계까지 간다. 그러면서 결국에는 10단계에 도달한다. 이때 10단계에 도달한 그 순간 다시는 예전으로 돌아가지 않는다. 그 날은 어느 날 갑자기 온다.

따라서 남자는 자신이 꼭 필요로 할 때 완벽하게 변할 수 있고, 변화되면 과거의 습관으로 돌아가지 않는다. 예전으로 다시 돌아가고 싶다 하면 예전의 습관을 목표에 두고 노력하면 쉽게 돌아갈 수 있다. 즉 습관이 하나 더 생긴 것이고, 이는 자신의 능력이 된다.

여자의 습관변화 과정

여자가 변화되는 방식을 알아보자. 여자는 남자와 다르다.

여자가 1단계에서 2단계로 갔다가 문제가 생기면 다시 1단계로 돌아간다. 이때 다시 노력해서 3단계까지 갔는데 문제가 생기면 남자처럼 처음 단계인 1단계로 돌아가는 것이 아니라 직전 단계인 2단계로 돌아간다. 이때 여자는 마치 자신이 전혀 변화되지 않았다고 느끼면서 좌절하는 경향이 있다. 직전 단계인 2단계로 생각하지 않고 마치 처음 단계인 1단계로 돌아간 듯이 느낀다.

이때 곁에서 누군가 격려하고 위로하면서 노력할 수 있도록 해 주면, 다시 노력하면서 직전 단계인 2단계에서 3단계로 갈 때는 빠르게 갈 수 있게 된다. 이미 3단계에 도달한 경험이 있기 때문이다. 그래서 3단계에서 다시 노력해서 4단계까지 가고, 4단계에서 문제가 생기면 직전 단계인 3단계로 돌아간다.

이렇게 한 단계씩 변화하면서 10단계까지 도달하면 완벽하게 변한다.

여자는 변화하기 위한 노력을 하면서 문제가 생기면 직전 단계로 돌아가게 되었을 때, 자신이 느끼기에는 변화된 것보다 못한 상황(직전 단계)이기 때문에 마치 처음의 1단계로 돌아간 것처럼 느끼고 좌절하고 포기하는 경우가 많다. 그래도 주변 사람들의 위로와 격려에 의하여 다시 노력하면 다음 단계로 점점 나갈 수 있게 된다. 이때 직전 단계로 돌아가면서 순차적으로 변화되기 때문에 주변 사람들은 여자가 변화되는 것을 느낀다.

습관변화의 남녀차이

남자는 무조건 처음으로 다시 돌아가서 다시 시작하게 되고, 여자는 직전단계로 돌아간다. 이것이 습관을 변화할 때 나타나는 공통점이다. 남자들은 문제가 생기면 처음으로 돌아가기 때문에 변화의 과정에서 힘들어 한다. 이로 인하여 남자들은 작심삼일(作心三日)이 많다.

그런데 여자들은 한 단계씩 갈 수 있고 변화하는 것을 느낄 수 있기 때문에 비교적 여자는 변화를 잘하는 편이다.

특이한 점은 여자가 1단계에서 10단계까지 가는 데 10개월이 걸렸다 하면, 남자는 1단계에서 9단계까지 오는 데 9개월이 걸린다. 그 후 남자는 1단계에서 10단계로 넘어가는 데 1개월도 걸리지 않는다.

여자는 10개월간 지속적인 노력을 해서 10단계에 이르지만, 남자는 처음으로 돌아가서 변한 것이 하나도 없어 보이는데 갑자기 변한 것이다. 그래서 여자들은 처음에는 남자가 변한 것을 믿지 못한다. 그런데 1개월, 6개월, 1년 계속 시간이 지나도 1단계로 돌아가지 않는 걸 느끼게 될 때 비로소 변화한 것을 실감한다.

이렇게 남자는 한 번 변하면 예전으로 돌아가지 않는다. 반면 여자는 문제가 다시 생기면 돌아가는데, 바로 직전 단계로 돌아가기 때문에 조금만 더 노력하면 다시 변할 수 있다. 그런데 아무리 여자가 직전 단계로 돌아간다 하더라도 순차적으로 변화되어 가기 때문에 올라갈 때도 시간이 걸리지만 되돌아갈 때도 시간이 걸린다.

남자는 변화하면 되돌아가지 않지만 변화하는 중간에 문제가 생기면 처음으로 돌아가 작심삼일이 될 수 있다는 차이점이 있다. 이 원인은 남자의 마음에너지는 기분으로 작용하고, 여자의 마음에너지는 감정으로 작용하기 때문이다.

남자는 기분이 변화되는 것이기 때문에 '있다, 없다'로 작용하고 여자는 감정이 변화되는 것이기 때문에 '좋다, 나쁘다'로 작용하여 변화된다. 이와 같이 남자와 여자가 습관이 변화되는 원리는 다르다.

습관변화는 주변 사람들이 먼저 안다

자신이 조금 변화된 것 같은데 주변 사람들을 보면 똑같다고 느낄 수 있다. 그러면 그동안 이를 모르고 있었던 것이 비정상이었던 것인지 아니면 주변 사람들이 비정상이었던 것인지 궁금해진다. 그러나 이는 비정상인지 알 수 없다.

내가 정상으로 돌아오니 주변 사람들이 나를 이상하게 보는데, 그것이 싫지는 않다면 내가 바뀌는 것을 보고 주변 사람들이 부러워한다. 그래서 시간이 조금 더 지나면 주변 사람들도 변하고 싶어서 방법을 물어 보는 사람들이 생긴다. 평소에 교류가 많지 않던 사람들도 의논하려고 찾아오는 사람이 생긴다.

이는 대부분들의 사람들이 내가 변화된 것을 느낄 때, 이제부터 나도 하면 될 것 같은 생각을 하면서 무엇인가 변하고 싶은 심리가 작용한다. 다른 사람들은 모두 나를 인정해 주는데 특정한 한 사람은 나를 아직 인정해 주지 않으면 신경질나면서 특정한 한 사람이 하는 말은 귀에 하나도 들리지 않는다. 이를 무공 수련할 때 쓰는 단어로 표현하면 '주화입마(走火入魔)'라고 한다. 분명히 마음에너지가 생긴 것은 맞지만 마(魔)가 끼는 것이다. 그렇게 마가 끼면 마치 자신의 변화가 최고가 된 것 같은 생각으로 인하여 다른 사람들의 이야기는 무시하게 된다.

변화하면 나는 못 느끼고 내 주변 사람들이 변화를 느낀다. 그래서 주변 사람들이 나를 대하는 모습이 달라진다. 내가 그들에게서 찾는 것이 아니라 내가 나 자신에게 찾기 때문에 주변 사람들이 나에게 모인다.

그리고 주변 사람들이 나를 함부로 대하지 못한다. 주변 사람들이 나를 함부로 대하면 함부로 대하는 사람은 나쁜 사람이 되기 때문에 좋은 이야기만 한다. 그러나 그렇다고 해서 마치 내가 그 사람 위에 있는 것처럼 느끼면 안 된다. 지금 내 마음에서 행복이 만들어지는 중이고, 그들이 나에게서 행복을 찾고 그것을 함께하고 싶은 것이다. 그래서 내가 변하면 제일 먼저 가장 가까운 사람들이 변하게 된다.

습관변화의 사례

사례를 보자. 거친 말을 하던 사람이 변화하여 말을 부드럽게 하려는 노력을 하고 있다. 이 사람이 운전을 할 때 거친 말을 하게 되자 다른 사람이 "변한 것 같더니 그대로네. 아직 멀었어"라고 말했다면, 이 사람은 상대가 자신이 변한 것을 기대해 주는 것 같으면서도 앞으로 어떻게 될지 모른다는 생각을 한다.

이를 분석해 보면, 예전 같았으면 변화하는 것을 상대가 인정하지 않았지만, 상대는 이 사람이 변하는 것을 지켜보고 있었다. 따라서 상대가 변하는 것을 지켜보고 있으니 서두르지 말고 그냥 실천하면서 변화해 가면 된다.

또 한 사례를 보면, 지하철을 타면 양보를 심하다 싶을 정도로 많이 하는 사람이 있다. 이 경우 상대를 가려가면서 양보해야겠다는 변화를 시작하면서 '너무 양보를 안 해 주는 것은 아닐까?' 하는 생각이 문득 든다고 말할 수 있다. 또한 지하철에서 아주머니가 밀치고 나오면 과거에는 아주머니가 힘드니 그럴 수 있겠다고 생각했었지만 지금은 "왜 이러세요"라고 말할 수 있는데, 이것은 좀 잘못된 것이 아닌가 하는 생각을 할 수도 있다.

그러나 이는 오히려 좋은 현상이다. 인간으로 회복되고 있는 것이다. 인간관계라고 해서 인간으로만 살아가는 것이 아니라 항상 사람을 기초로 하기 때문에 자신도 사람이라는 것을 알아야 한다. 그리고 인간관계에서는 조화와 질서를 갖고 적정수준을 유지하며 살아간다. 사람의 자기행복을 추구하는 것과 인간의 자아실현을 추구하는 것 사이에서 조율해 가는 것이 인간으로서 행복하게 살아가는 방법이다. 나의 행복을 추구를 하는 것이 하나씩 나타나기 시작하는 것이다.

그리고 인간관계에서 자아실현을 추구하는 방법에서 '나는 착해야 된다'는 생각보다는 자신의 자아실현을 추구하는 것과 다를 경우에는 화도 낼 줄 알고, 표현할 줄도 알아야 한다. 이것이 사람이면서 인간이다.

결국은 사회생활에서 많이 참고 좋은 것이 좋은 것이라고만 생각하면서 마음을 억압한 채 보내면 결국 주변의 가까운 사람들에게 강하게 표현하게 된다. 자신도 모르게 억압하고 살아간다는 것을 인식하면, 무의식의 마음에너지에 의하여 습관적으로 표현하는데, 이때 자신도 모르게 표현한다. 이것이 마음의 억압이다.

그래서 마음의 억압이 커지면, 마음의 짐이 되어 힘들어지면서 자신도 모르게 과도하게 표현한다. 이와 같이 과도한 표현을 많이 하다 보면 자신이 과도한 표현을 하지만, 이를 조절하는 방법을 하나씩 적용해야만 본래의 마음으로 회복할 수 있다.

본래의 마음으로 회복하는 방법은 인식과 표현을 조화롭게 하는 것이다. 표현한 적이 없었던 것을 강하게 함으로써 마음의 억압을 모두 해소한다. 그런 후 억압을 할 것과 억압을 하지 말고 표현해야 할 것을 조율한다. 그러면 억압하는 것과 억압하지 않는 것을 다 경험해 봤기 때문에 원래의 자신과는 다른 습관이 형성된다.

현재를 분석한 후 습관변화를 하라

즉 과거보다는 현재가 중요하다. 현재를 분석해야만 습관을 변화하는 방법을 찾을 수 있다. 또한, 습관은 바꾸는 것이 아니라 새로운 습관을 만드는 것이다. 그러면 기존의 습관에 새로운 습관이 대체되어 새로운 습관으로 무의식이 작용한다. 기존의 습관은 의식의 기억에 남는다.

자동차 운전을 예로 들어 보자. 한국은 자동차의 운전대가 왼쪽에 있지만, 일본은 오른쪽에 있다. 그래서 한국에서는 운전대가 왼쪽에 있는 것이 습관이지만, 일본은 도로주행의 방향도 반대이고 운전대도 반대로 있기 때문에 한국에서 운전하는 습관을 가진 사람이 일본에서 운전을 하면 처음에는 어색하고 불편하다. 그러나 일본에서 운전이 익숙해지고 습관이 만들어지면 한국에서 운전하던 습관은 의식으로 기억된다. 일본에서 살다가 다시 한국에 돌아오면 의식으로 기억된 과거의 운전습관을 의도적으로 노력해야 다시 한국에서의 운전습관이 형성된다. 이렇게 되면 일본에서의 운전습관은 의식으로 기억된다.

이렇게 무의식의 습관은 의식과 무의식에 상호 연결된다. 따라서 습관은 존재하기 때문에 자각하도록 만들면 의식으로 변화하고, 자각하지 못 하도록 만들면 무의식으로 작용한다. 이 무의식의 작용원리를 정확히 알면 습관과 성격을 변화하는 것은 비교적 쉽다.

운전할 때, 좌회전을 해야 한다면 자신도 모르게 무의식적 습관으로 좌측 방향지시등을 켠다. '아, 여기서 좌회전을 하려면 좌측 방향지시등을 켜야 한다'고 생각하고 자각하면서 좌측 방향지시등을 켜는 사람들이 몇 명이나 될까? 사람들은 자신도 모르게 습관적으로 실행한다. 만일 어떤 사람은 방향지시등을 안 켜는 습관을 갖고 있다면, 방향지시등을 켜는 것을 잘 잊는다.

습관은 자신이 의식하지 못하는 채 만들어져 있는데, 만일 일본에서 반대의 운전대에 익숙하도록 새로운 습관을 만들 때, 방향지시등을 켜는 습관을 함께 만들었다고 하자. 그러면 이 사람이 다시 한국에 돌아와서 한국에서의 습관을 회복하면, 방향지시등을 켜지 않는 습관이 작용한다. 일본에서의 운전습관과 한국에서의 운전습관은 다르기 때문이다. 그런데 방향지시등을 켜는 습관을 일본에서도 한국에서도 갖고 있다면 자신이 필요할 때는 언제든 습관으로 작용한다. 일본에서도 운전할 수 있고, 한국에서도 운전할 수 있는 사람과 한국에서만 운전할 수 있는 사람의 차이점은 한 가지의 기준으로 살아가느냐, 여러 가지의 기준으로 살아가느냐의 차이이다.

습관은 자기기준이다

습관은 많이 만드는 것이 좋다. 습관이 자신의 기준이 되기 때문이다.

여자는 감정의 습관을 기준으로 갖고, 남자는 가치와 의견의 습관을 기준으로 가진다. 그래서 사회를 살면서 이런 저런 환경에서 살며 사람들은 가치의 습관이 많다. 그러면 여기에도 적응하고 저기에도 적응한다. 남자는 여자와 조금 다르다. 여자는 자기 기준에 좋은 것만 하기 때문이다.

남자는 새로운 습관을 만드는 것이 매우 어렵지만, 한 번 습관이 만들어지면 다르게 변화되는 것도 매우 어렵다. 반면 여자는 새로운 습관을 만드는 것이 남자에 비하면 비교적 어렵지 않지만, 습관이 만들어졌더라도 다른 습관으로 변화하는 것도 남자에 비하면 비교적 어렵지 않다.

그래서 남자는 가치기준의 마음을 갖게 되면서 한 번 형성된 가치와 의견에 대한 기준인 마음이 쉽게 변하지 않고, 여자는 감정기준의 마음을 갖게 되면서 감정의 마음은 쉽게 변화한다.

여자는 필요하다 하더라도 변화하는 것을 싫어하기 때문에 변화에 대한 두려움을 갖고 있지만 변화의 과정은 그리 어렵지 않다. 반명 남자는 필요하면 변화하려고 하기 때문에 변화에 대한 두려움은 없지만 변화의 과정이 매우 힘들고 어렵다.

그래서 꼭 필요하다고 인식하면 힘들고 답답하고 어렵더라도 변화하려는 것이 남자이다. 이는 남자가 미래행복을 추구하는 무의식이 작용하기 때문이다. 그러나 여자는 자신에게 꼭 필요하다 하더라도 감정에 어려움을 느끼면서 변화하는 것을 힘들어 한다. 이는 여자가 현재행복을 추구하는 무의식이 작용하기 때문이다.

그래서 여자들이 변화할 때는 감정의 마음에 대한 위로와 격려가 필요하고, 남자들이 변화할 때는 가치와 의견의 마음에 대한 자극이 필요하다.

마음의 치료와 예방

마음의 치료와 예방의 관점에서 보면, 예방의 의미는 마음을 아프지 않는 상황을 만드는 것이 아니라 마음이 아픈 상황에서도 자신이 의미와 가치를 찾아 자아실현을 할 수 있는 방법을 알려 주는 것이다.

여자에게는 불편함을 주고, 그 불편함을 즐겁게 인식하면 사랑의 감정이 된다. 그러면 주변 모든 것이 사랑스러워진다. 그러나 자신 혼자만 편하다면, 이는 불편함을 회피해서 편해진 것뿐이다. 불편함이 커지면 사랑하게 되고, 그러면 다른 사람들은 분명히 스트레스였었는데, 사랑하게 되면 더 이상 스트레스 또는 상처가 되지 않는다. 즉 인식되는 것이 모두 치료된다. 이것이 예방이다. 결국 불편함을 좋아하게 하는 것이 예방방법이다.

스트레스를 즐기는 남자도 똑같다. 예를 들어 상대가 힘들고 아프다고 이야기하면 남자는 이를 스트레스로 받아들이는데, '그래도 나를 친구로 생각하여 이런 이야기를 한다'라고 생각하면 스트레스로 느끼지 않는다. 이것이 예방이다. 이렇게 되면 스트레스를 해소해야 할 필요가 없기 때문에, 마음과 심리의 작용원리를 정확히 알면 마음의 스트레스와 상처가 예방된다.

세상을 바꿀 수는 없고 스트레스와 상처가 발생하는 똑같은 상황이지만, 이제는 더 이상 스트레스와 상처가 되지 않는다.

그래서 예방법은 치료법과 같다. 치료는 기억된 스트레스와 상처가 원인이기 때문에 기억에 대한 생각을 전환시켜 주는 것이다. 예방은 스트레스와 상처가 발생되는 즉시 치료하는 것이다. 즉 치료와 예방은 동시에 존재하기 때문에 치료법이 곧 예방법이다. 따라서 치료법과 예방법에 대한 습관을 만들어야 한다. 무의식의 예방법과 치료법은 새로운 습관을 만드는 것이다.

공부하는 습관을 만든다고 생각해 보자. 사실 공부습관은 필요가 없다. 중요한 것은 무의식의 습관을 바꾸면 공부는 저절로 하게 된다. 인간의 자아실현의 욕구에서는 몸이 건강하고, 마음과 심리가 안정되면, 지적욕구는 저절로 작용하기 때문이다. 그러면 공부를 의도적으로 하지 않더라도 공부가 잘된다. 대부분은 공부를 의식적으로 하기 때문에 힘들고 어려워한다. 즉 힘들고 어렵다는 것은 건강에 문제가 있거나 마음과 심리가 안정되지 못한 것을 의미한다.

신기(神氣)

환상을 보거나 귀신을 보는 사람들이 있다. 이러한 경우에는 마음에너지가 억압으로 작용하거나, 강박으로 작용하는 것이다. 이런 사람들을 '신 내렸다'고 표현한다. 즉 '신기(神氣)'라고 한다.

마음에너지가 습관에 너무 강하게 작용하여 '마음의 병'이 생기면서 몸이 많이 힘들어진다. 이 마음에너지가 강하게 작용하면 강력한 지적욕구가 생기는데, 강한 마음에너지가 작용하면서 인식되는 것이 없고, 표현도 안 되면 무의식의 습관이 이를 감당할 수 없게 된다. 그렇게 마음과 심리가 작용하면 자신도 모르는 것이 보이기 시작한다. 즉 시각으로 인식될 때 보이지 않는 것까지도 보이는 것이다.

과거 '세월호 침몰사고'가 발생하였을 때 그 충격이 매우 커서 밤을 새고 정신을 차리지 못했던 사람들이 있다. 이러한 경우도 마음에너지가 강한 사람들의 특징이 좋게 작용할 때는 행복으로 작용하지만, 나쁘게 작용하면 안 보이는 것이 보이면서 못 견디게 힘들고 고통스러운 것이다. 이런 사람들은 대부분 어린 시절에 '신기'가 있다는 말을 종종 들었을 것이다.

어떤 경우에는 새벽에 자다가 정신을 차려 보니 자신이 자다 말고 앉아서 엉엉 울고 있더라고 하는 경우도 있다. 또한, 자면서 가위에 눌리는 것을 경험한 적도 있을 것이다.

이는 모두 자신의 강박이 표현된 것이다. 마음에너지가 작용하면 반드시 표현되기 때문이다. 인간은 이 무한한 마음에너지를 갖고 있기 때문에 이 마음에너지가 억눌려 있다가 터져 나올 때가 있고, 강한 마음에너지가 엉뚱하게 표현되기도 한다.

이러한 마음과 심리의 작용원리를 사람들은 모른다. 마음에너지를 해석하면 귀신을 본다는 사람들의 말을 믿을 수 있게 된다. 이런 현상은 대부분 마음에너지가 응축되어 있다가 폭발하듯 인식 또는 표현될 때 나타나기 때문이다.

어떤 사람은 쓰러지고, 어떤 사람은 자살하고, 어떤 사람은 신이 내려서 굿하러 다니기도 한다. 또 어떤 사람들은 엉뚱한 방향으로 표현되면서 미친 사람처럼 살기도 한다.

그래서 마음에너지를 이해하려면 가장 먼저 알아야 하는 것이 몸 안에 엄청난 마음에너지가 작용하고 있다는 것이다. 인식되는 것과 표현되는 것과 기억되는 것이 조화를 이루도록 습관을 만들어야 한다. 그러면 이 강력한 마음에너지가 몸 안에서 신체와 마음과 성(性)의 조화를 이루면서 순환하는 구조가 형성된다. 이 순환구조가 형성되면 큰 능력을 가진다.

반면 이것이 조화를 이루지 못하면 역순환구조가 형성되면서 히스테리와 같은 증세가 나타날 수 있다. 그 사람들은 마음에너지가 매우 강하고 크기 때문에 표현하면서 병증으로 나타나는 것이다. 일반 사람들은 병증으로까지 가지 않고 억압하면서 우울증을 동반하기도 한다.

신기가 있는 사람들은 마음에너지가 크고 강하기 때문에 나타나는 현상이다. 그래서 신기가 있는 사람들은 마음과 심리의 작용원리를 알려주면 좋다. 그런 사람들은 강한 마음에너지가 작용하기 때문에 습관을 변경하는 것이 쉽다. 이렇게 강한 마음에너지를 작용하는 방법을 알게 되면 의미와 가치를 추구할 때 쉽게 사용한다.

대부분의 사람들은 강한 마음에너지를 작용하는 방법을 알지 못하기 때문에 인간의 자아실현을 추구하기보다는 사람의 자기행복을 추구하면서 인간관계보다는 자신 혼자의 이기주의로 빠져든다.

가위에 눌리는 것은 어른이든 아이든 관계없이 강박이 심할 때 눌러 놨던 마음에너지가 터져서 표현된 현상이다. 밤에 자다 말고 일어나서 자신도 모르게 울고 있는 현상은 자신도 모르는 사이에 무의식의 마음에너지가 작용하면서 표현된 현상이다.

그리고 표현된 그 순간이 지나면 마음은 잔잔한 호수와 같은 상태가 된다. 태풍이 한번 몰아치고 나면 잠잠해지는 것과 같이 한 번 강력하게 표현되면 마음이 안정되고 고요해진다.

따라서 이러한 억압과 강박을 평소에 표현한다면 그런 현상이 안 나타날 수도 있다. 물론 마음이 편안해진다고 안 나타나는 것이 아니다. 마음에 억압과 강박을 가진 채 편안해지면 안 된다. 자신도 모르게 터뜨려 놓으면 억압이 없다. 하지만 조금씩 쌓아 놓다 보면 어느 순간에 터지면서 자신도 모르게 표현한다. 편안하려고 하는 것보다는 가끔 자신을 불편하게 만드는 것도 괜찮은 방법이다.

마음에너지의 작용

부부는 억압과 강박이 크게 생기지 않는다. 서로의 마음에너지가 잘 돌아가든, 잘 안 돌아가든 마음에너지가 양쪽에서 작용하기 때문이다. 그래서 혼자 있는 사람들은 자신이 인식하는 것, 표현하는 것, 기억하는 것에 마음에너지가 조화롭게 작용되도록 하는 것이 중요하다.

장애인들끼리 모여서 자신들의 생활을 이야기하고, 공유하면서 서로 마음을 치료하는 것과 비슷한 원리이다. 이 경우에도 마음과 심리의 작용원리를 알고 이야기하는 것과 모르고 하는 것에는 많은 차이가 있다.

모르고 이야기하면 계속 반복적으로 이야기를 해야 한다.

따라서 계속 반복적으로 토론하지 않으려면 자신의 마음과 심리의 작용원리를 알아야 한다. 이를 정확히 알면 일정 시간이 지나면 굳이 모임이나 포럼을 더 이상 오지 않더라도 마음은 치료된다. 따라서 마음과 심리의 작용원리를 정확히 아는 것이 중요하다.

마음에너지가 강하면 정신이상이 올 수 있다. 다만 정신이상으로 있다가 다시 정상으로 돌아오는 경우가 있는데, 이런 경우는 일시적인 현상인지, 뇌에 영향을 미치는 것인지에 따라서 다르다.

일시적인 현상인 경우에는 '감정의 해리현상'이라고 한다. 일시적으로 감정을 잃게 되면서 정신이상이 나타날 수 있지만, 다시 마음에너지의 작용에 의하여 일상으로 회복할 수도 있다.

그러나 강한 마음에너지의 충격이 뇌세포에 영향을 주면 다시 일상으로 돌아오지 않는다. 그런 사람들은 일상으로 돌아올 수 있도록 지속적으로 노력해야 한다. 이런 사람들은 정신이상과 정상생활을 왔다 갔다 할 수 있는데, 이는 일상생활에서 강한 마음에너지의 작용을 알지 못하고 활용능력이 없기 때문에 정신이상과 일상생활을 왔다 갔다 하는 것이다.

따라서 환경을 어떻게 만들어 갈 것이냐를 정할 때, 그 사람의 과거가 중요한 것이 아니라, 현재의 일상생활이 매우 중요하다. 현재에서 방법을 찾아야 한다. 만일 부모님과 함께 살고 있다면 부모님의 역할이 필요한 것과 같다. 예전의 정신이상으로 돌아가지 않고 일상생활에서 예방과 치료를 함으로써 마음의 행복을 만들어 갈 수 있어야 한다.

인식과 표현의 조화

그래서 표현하는 것이 중요하다. 표현을 많이 하면 자신도 모르게 많은 것을 인식하고 기억하려고 한다. 그래서 강연을 많이 하는 사람들이 책을 많이 읽거나 새로운 것을 찾는다. 강연하는 사람들은 많이 표현해야 하기 때문에 많은 정보가 필요하다.

그러나 자신이 왜 그런지를 모른다. 그저 자신도 모르게 책을 읽거나 아이디어를 개발하고, 강연으로 표현하면서 조화를 이룬다. 반면 강연을 많이 하면서 책을 읽지 않거나 아이디어를 개발하지 않는다면 마음과 심리에는 강박과 억압이 발생하고, 마음에 문제 또는 장애가 발생한다.

다섯 개의 감각기관이 즐겁고 좋으면, 감각기관을 통하여 충족이 되기 때문에 다른 것을 인식할 필요가 없다. 그러면서 표현을 많이 할수록 행복해진다.

다만, 행복해지는 것은 맞지만 자신의 마음에 감정만 남아 있을 뿐, 의미와 가치로서 남는 것은 없다. 그래서 감정의 기준을 갖고 있는 여자들은 삶의 의미를 찾아 행복해지는 것은 좋지만, 인생의 가치를 추구할 때 인식되는 것이 애정관계로 인식되면 인생의 가치를 추구하지 않는다.

페이스북과 같은 SNS를 보면, 좋은 것만 등록하는 사람도 있지만, 불만을 많이 쓰는 사람도 있다. 여자는 좋은 것이든 불만이든 다른 사람들로부터 관심을 받고자 하는 것이다. 남자가 불만을 말하는 글을 많이 쓴다는 것은 비판적인 가치를 가진 사람이고, 좋은 것도 불만이다. 결국 이러한 남자의 기분은 스트레스가 지속적으로 작용한다. 반면 여자는 감정이 불만이기 때문에 다른 사람들로부터 관심을 받아서 불만을 없애려고 한다.

개인적인 카카오스토리와 같은 SNS를 많이 사용하는 여자들은 심리적으로 문제가 많고, 페이스북과 트위터와 같은 SNS를 많이 하는 여자들은 관심과 사랑을 받고 싶어 한다. 블로그를 하는 사람들은 의미와 가치를 찾으려고 하는 사람들이 많다.

그러나 재미있고 즐거운 것만 찾는 경우는 삶의 의미와 인생의 가치를 찾을 수 없다. 주로 맛집, 여행, 패션… 등과 같이 다섯 개 감각기관을 즐겁게 하는 것과 관련된 파워블로거들을 보면 여자가 많다.

남자 파워블로거들은 주로 지식, 학술, 기술, 엔지니어… 등의 가치를 추구하는 경향이 많다.

최악의 인간을 만드는 픽업아티스트(Pick Up Artist)는 대부분이 남자이다. 만일 여자가 픽업아티스트가 되면 유명해지는 것은 쉽겠지만, 성(性) 또는 남성과의 관계는 매우 쉬운 여자, 즉 창녀와 같은 인식으로 전락한다. 이렇듯 남자가 해야 되는 것과 여자가 해야 되는 것이 다르다.

PART 04
심리포럼

의식과 무의식

일시: 2015년 11월 22일 (일요일)

김범영(51, 남, 심리포럼 회장, 논제발표)
박비현(33, 여, 심리포럼 사무국장)
최경애(45, 여, 주부)
이화령(34, 여, 대학원생)
강채영(26, 여, 양주 덕정초등학교)
김 주(25, 남, 대학생)
김영주(24, 여, 대학생)

의식과 무의식

이번 논제는 의식과 무의식이다. 여러분은 의식과 무의식에 대하여 많이 공부했으니 그러려니 생각한다. 의식과 무의식은 마음을 구성하고 있는 생각이라고 할 수 있다.

마음이 생각인 것을 대부분의 사람들이나 학자들도 잘 모르고 있다. 또한, 심리는 마음이 인식, 표현, 기억 등으로 작용하는 것인데 이 개념도 사람들은 구분을 잘 못하고 있다.

또한 사람들은 사람과 인간이 다르다는 것을 잘 알지 못한다. 사람이 인간이고 인간이 사람이라 알고 있다. 마음과 심리가 구분되지 않듯이 사람과 인간이 구분되지 않고 있다. 이것은 중요한 개념이기 때문에 매회 심리포럼 때마다 우선순위로 설명한다. 사람의 마음과 인간의 마음이 다르기 때문에 사람으로 작용할 때의 심리와 인간으로 작용할 때의 심리가 다르다.

마음은 곧 생각이고, 심리는 이 마음이 작용하는 것을 말한다. 이때 마음은 의식과 무의식으로 구분되어 작용한다.

인간은 외부정보를 마음이 인식하고, 마음에서 외부로 표현한다. 그리고 이 마음에 의해 기억한다. 즉 인식, 표현, 기억 등의 역할을 하는 것이 마음이고, 이때 인식, 표현, 기억의 작용을 심리라고 한다. 이 개념부터 정확하게 알아야 한다. 대부분의 사람들이 마음과 심리의 정확한 개념을 알지 못하기 때문에 마음에 문제가 생긴다.

외부에서 인식될 때, 다른 사람과 관계가 없으면 사람의 마음이 작용하고, 외부에서 인식될 때, 다른 사람과 관계가 있으면 인간의 마음이 작용한다. 사람은 누구나 마음을 갖고 있고, 사람과 사람이 상호관계를 갖게 되면 서로의 마음을 주고받으면서 인간관계가 형성되면서 인간의 마음이 작용한다. 그래서 사람과 사람의 마음이 상호작용할 때는 사람이라 하지 않고 인간이라고 하며, 마음이 자신 혼자 작용할 때는 사람이라고 한다.

지금까지 사람의 마음과 인간의 마음을 해석해 놓은 심리이론이 없다. 그래서 마음을 추상적으로 의식과 무의식으로만 표현한다.

무의식과 생각

여러분 중에 생각하지 않는 사람이 있는가?

사람이면 누구나 생각한다. 생각은 의식과 무의식으로 구성된다. 의식은 자각하고 느끼는 것을 말하고 희로애락의 감정(또는 기분)을 느낀다. 감정을 느낀다는 것은 사람이면서 인간이라는 뜻이다. 우리는 모두 자각하고 느끼기 때문에 실제 느낌이 존재하면서 느껴지고 자각하는 것을 의식이라고 한다.

반면 무의식은 존재하지만 자각되어 느껴지지 않는다. 예를 들어 가만히 있으면서 기억하려고 하지도, 느끼려고 하지도 않았는데 저절로 기억되고 느껴지는 현상이 발생한다. 이때 무의식이 작용했다고 한다. 이 무의식을 습관이라고 한다. 자신도 모르게 느껴지고, 인식하고, 표현하고, 기억하는 등의 작용이 생기는 것이다. 존재하면서 느껴지는 것은 의식이고, 존재하면서 느껴지지 않는 것이 무의식이다.

예를 들어 별모양의 빵틀이 있다고 하자. 그 별모양의 빵틀에 밀가루를 넣으면 별모양의 밀가루 빵이 만들어진다. 반면 그 별모양의 빵틀에 진흙을 넣으면 별모양의 진흙이 만들어진다. 즉 이 별모양의 틀이 습관이다. 존재는 하는데 내용이 없어서 느껴지지 않는다. 그 내용을 느낌이라고 생각하면 된다. 예를 들어 아픈 느낌이라면 별모양으로 아프다. 반대로 즐겁다면 별모양으로 즐거워진다. 이와 같이 존재하고 있으나 느낌이 없는 것을 습관이라 한다.

어떤 사람은 아름다운 경치를 보면서 아름답다고 하지만, 어떤 사람은 슬프다고 한다. 그 이유는 각자의 틀(습관)이 다르기 때문이다. 그 습관의 틀이 각자 개인마다 모두 다르고 똑같은 사람은 한 사람도 없다. 그런데 그 틀에 문제가 생기면 그 사람은 아무리 훌륭한 것을 생각해도 무조건 문제가 생긴 채로 느끼고 자각하고 생각한다. 그래서 이 습관의 틀이 중요한 것이다. 이렇듯 습관은 존재하고 있지만 느껴지지 않는다.

무의식은 의식을 작용시킨다

무의식이 작용하면, 의식은 어떻게 작용되는지 살펴보자.

존재하고 있는 습관의 틀에 의하여 의식으로 느껴지고 자각된다. 만약 습관의 틀이 슬픔을 느끼도록 만들어져 있으면 어떤 외부정보 또는 기억정보이든 생각하는 모든 것들이 슬퍼진다. 아무리 과거의 즐거웠던 기억이라도 존재하는 습관이 슬픔을 느끼도록 만들어졌기 때문에 의식의 생각으로 자각되고 느껴지는 느낌은 슬퍼진다. 인간의 마음에서 아픔을 느끼고, 슬픔을 느끼고, 답답함을 느끼는 것은 이 습관의 틀에서 만들어진다.

다섯 개의 감각기관을 통해 외부로부터 정보가 마음으로 인식되어 의식으로 자각하고 느낀다. 감각기관은 시각, 청각, 촉각, 후각, 미각으로 이루어져 있다. 외부로부터 정보를 마음으로 인식할 수 있도록 몸의 감각기관을 통한다는 것은 존재하면서 자신이 직접 느끼는 것이다. 감각기관을 통하여 느낌을 만드는 것이 인식이다. 실제로 직접 느낀 것을 의식으로 전달하여 의식에서 느낌을 자각하는 생각이 작용되면서 느낀다.

이때 인식할 때는 감각기관의 모든 정보를 인식하는 것이 아니라 자신의 생각에서 필요한 것, 즉 자신이 의도한 것만을 받아들인다. 같은 공간에 있어도 각자 보는 것이 다르다. 내가 필요한 것만 보고 의식적으로 생각하여 느끼는 것이다.

그러나 무의식은 다르다. 사람의 마음을 외부로 표현할 때는 말과 행동과 표정으로 표현한다. 우리가 '이렇게 표현을 해야지' 하고 의식하면서 표현하는 것들은 얼마나 될까? 화를 낼 경우 그냥 나도 모르게 화를 내는 경우가 많다. 화를 낼 때 '목소리는 이렇게 해야지, 표정은 어떻게 지어야지' 하면서 생각하고 표현하지 않는다. 자신도 모르게 작용하는 무의식, 즉 존재하고는 있지만 느껴지지 않는 습관의 틀에 의하여 외부로 표현된다.

결국 인식은 의식으로 작용하고, 표현은 무의식으로 작용한다.

상대가 화를 내고 있다고 하자. 그러면 나의 다섯 개 감각기관을 통해 상대의 표정, 목소리, 행동이 나의 기억에서 화를 내고 있는 것과 같은 현상이라고 의식이 느끼고 나도 모르게 무의식이 작용하여 상대와 같이 화를 내게 된다. 그런데 내가 화를 낸 것은 어떻게 화를 냈는지 잘 기억하지 못한다. 나도 모르게 무의식으로 표현했기 때문이다. 상대 역시 무의식으로 표현하고 나의 화를 의식으로 인식한다. 이는 나뿐만 아니라 상대도 인간이기 때문이다. 그러다 보니 각자 자신이 표현한 것은 잘 기억하지 않고, 상대의 말과 행동과 표정만 기억한다.

의식으로 인식하고 무의식으로 표현한다

인식은 의식으로 자각되어 직접 느껴지기 때문에 잘 기억하는데, 인식되어 자각되어 느끼는 것의 대부분은 기억한다. 내가 무의식적으로 생각도 안 하고 나도 모르게 무의식으로 표현했으니 내가 했던 말과 행동과 표정은 작은 일부분만 기억한다.

내 입장에서 볼 때에는 내가 인식한 것은 90% 이상을 기억하고, 내가 외부로 표현하는 것은 10% 미만으로 기억하다 보니 내 마음에 문제가 생기면 상대를 탓한다.

내 입장에서 생각하면 나는 10% 미만의 잘못이지만 상대가 90% 이상 잘못했기 때문에 나의 마음에 문제가 생긴 것은 상대 탓이 되는 것이다. 이는 자신만 그런 것이 아니라 상대도 마찬가지이다. 그래서 사람들이 싸울 때 서로 상대의 탓이라고 하기 때문에 갈등이 생기고 결론나지 않는 싸움을 한다.

상대의 이야기는 맞다. 그리고 내가 하는 이야기도 맞다. 이처럼 나와 상대가 다 맞는데 왜 싸우는 것일까? 바로 인식은 의식으로 하고, 표현은 무의식으로 하는 것을 모르기 때문이다.

상대가 말과 행동과 표정으로 표현했을 때, 내가 상대의 표현 때문에 마음이 아파서 반응한다면, 상대는 나보다 더 안 좋은 표현을 한다. 내가 볼 때는 상대는 나에게만 신경질을 내고 화내는 것 같다.

이런 현상은 내가 뭔가 표현하기는 했는데 표현한 나는 10% 미만을 기억하지만 나의 표현을 상대가 인식할 때는 90% 이상을 기억하기 때문에 발생하는 문제이다.

인간관계의 오해와 갈등

　인식은 의식으로 하고, 표현은 무의식으로 하기 때문에 인간관계에서는 오해와 갈등이 생긴다. 부부관계, 부모-자식관계, 친구관계, 가족관계 등 어떠한 인간관계든지 가까운 사이 특히 사랑하는 사이에는 상대의 표현을 기억하는 것은 거의 99% 이상이고, 내가 한 표현을 기억하는 것은 1%도 채 되지 않는다.

　여러분은 말도 안 되는 이야기라고 생각할 수 있다. 그럼 이렇게 생각해 보자. 아이가 학교에서 돌아오면, 아이에게 "학교 갔다 왔니?"라고 그냥 생각 없이 말하지 않는가? 말할 때의 목소리에 대하여 톤과 억양, 표정, 제스처 등을 생각하고 표현하지는 않는다.

　아이들은 생각하는 것보다 부모님에 대한 불만이 많다. 아이들은 부모님이 자신에게 표현했던 것들을 기억하고 있기 때문이다. 인식하는 것과 표현하는 것은 다르다. 즉 인간의 마음은 의식과 무의식이 분리되어 있기 때문이다. 가까운 관계나 사랑하는 관계가 되면 상대의 표현이 자신에 대한 관심이기 때문에 훨씬 더 민감하게 인식하고 기억한다.

　사랑하기 때문에 관심을 표현하는 것이 자신도 모르게 강해진다. 자신도 모르게 화를 내고, 신경질을 낸다. 여러분의 학창시절을 떠올려 보면, 부모님이 화냈던 것들, 짜증냈던 것들은 잘 기억난다. 특히 여자는 감정을 기억하고 있는데, 부모님께 부모님이 했던 표현을 기억하는지 묻는다면 부모님들을 잘 기억하지 못하면서도 여러분이 화내고 짜증냈던 것은 기억한다.

의식에서 생각하면서 표현한 적이 없고 무의식에서 자신의 감정에 의하여 표현된다. 자신도 모르게 무의식으로 표현한다. 이는 사람이면서 인간이라면 누구나 다 그렇다. 특히 친밀한 인간관계일수록 무의식의 표현은 강해진다.

처음 만난 인간관계에서는 말과 행동과 표정으로 표현하는 것을 의도하고 생각한다. 상대가 어떻게 받아들이고 생각할까를 고민하면서 의식적으로 표현하기 때문에 많은 스트레스가 생긴다. 처음 만난 사이에서 어색하고 답답하고 힘들어 하는 이유가 의도하고 의식적으로 표현해야 하기 때문이다. 하지만 이렇게 의식적으로 표현하더라도 의식한 것 외의 나머지 표현은 무의식으로 하기 때문에 자신이 한 표현을 기억하는 것은 10% 내외이다.

내가 상대에게 교육하고 있다면 말로 하는 교육 내용은 의식하고 있지만, 손짓, 제스처, 표정 등은 나도 모르게 표현한다. 즉 의식적으로 표현하더라도 무의식적으로 표현하는 것이 훨씬 많다. 내가 하나를 이야기 할 때, 아홉은 나도 모르게 무의식으로 표현한다. 결국 자신에게 느껴지는 인식이 중요하고, 존재하지만 느껴지지 않는 무의식의 표현은 매우 많다는 뜻이다. 따라서 인간관계에 문제가 생기면 상대를 탓하게 된다.

친한 친구, 사랑하는 가족, 고부관계 등의 갈등은 인간관계에 문제가 발생하여 감정충돌이 생긴 것이다. 이러한 갈등이 발생하면 무조건 양 당사자의 이야기를 모두 확인해야 한다.

A라는 사람과 B라는 사람이 있다고 하자. A는 B가 표현한 것의 90% 이상을 기억하고 있다. 그리고 A 자신이 표현한 것은 10% 미만을 기억

하고 있다. 반면 B는 A가 표현한 것의 90% 이상, 자신이 표현한 것은 10% 미만을 기억한다.

따라서 A의 이야기를 들어 보면 B를 탓하는 이야기가 대부분이다. 반대로 B의 이야기를 들어 보면 A를 탓하는 이야기가 대부분이다.

각자 10% 미만은 자신의 표현을 기억하지만 90% 이상은 상대의 표현을 기억하기 때문에 서로 상대의 잘못으로 이야기하면서 감정싸움이 발생하고 갈등이 생긴다.

그래서 갈등을 겪는 두 사람을 분리시켜 각자의 이야기를 듣는다. 그러면 각자 열에 아홉은 상대편의 안 좋은 얘기만 하고 자신의 얘기는 거의 하지 않는다.

A의 이야기는 대부분 B가 했던 말과 행동과 표정을 기억하고 있다. 그리고 B의 이야기는 A가 했던 말과 행동과 표정을 기억하고 있다.

따라서 상대의 이야기는 곧 자신이 표현한 것이다. 즉 인식된 것은 생각이 작용하면서 직접 느껴지기 때문에 인식된 느낌과 기억된 느낌이 연결된다. 그러나 무의식은 존재하지만 느낌은 없기 때문에 문제가 발생한 주요 원인은 상대에게 있다고 생각하면서 상대를 탓하는 것이다.

오해와 갈등은 당연한 현상

인간관계에서 힘들고 아프고 오해와 갈등이 생기는 핵심은 이러한 인식과 표현의 차이 때문이다.

그렇다면 A와 B 사이에 문제가 생겼다면 A가 잘못한 것일까? B가 잘못한 것일까?

잘못의 관점에서 보면 A의 잘못도 맞고, B의 잘못도 맞다. 그러면 대부분의 사람들은 둘 다 잘못 했으니 서로 사과하라고 하면서 화해를 시도한다.

그런데 이는 매우 잘못된 것이다. A의 입장에서 보면 과연 A가 잘못한 것일까? 특히 사랑하는 인간관계일수록 자신의 표현을 1%도 채 기억하지 못하는데, 그렇다면 나머지 99% 이상은 누구 잘못일까? 즉 사랑하는 인간관계일수록 인식과 표현의 차이가 극단적이 된다.

이렇게 심리적인 관점에서 본다면 A의 입장에서는 A가 잘못된 것이 아니다. A나 B는 인간이고, 인간이건 사람이건 누구나 다 인식은 의식으로, 표현은 무의식으로 하는 것뿐이다. 그런데 왜 잘못했다고들 하는가?

기존의 심리학은 사실만으로 이야기하기 때문에 A도 잘못한 것이고 B도 잘못한 것이다. 그래서 자신의 잘못을 이해하지 못한다. 각자의 자신은 사람이면서 인간인 것뿐이다. 그래서 우리는 관점을 다르게 적용해야 한다. A와 B를 각자 개인의 관점에서 볼 때 사람과 인간으로서 잘못된 것이 아니라 인간이라면 그렇게 기억하는 것은 당연하다.

따라서 두 사람 모두 잘못이 아니다. B의 입장에서 봐도 B도 잘못한 것이 없다. 그렇다면 둘 다 잘못이 없는데 왜 문제가 생기고 오해와 갈등이 생겼을까?

이는 인간의 마음과 심리가 작용하는 원리를 모르기 때문이다. 인간의 마음이 작용하는 원리를 몰랐기 때문에 감정싸움을 하고 갈등이 생기는 것이다. 잘못한 사람은 아무도 없다. 그저 몰랐을 뿐이다.

갈등과 싸움이 전혀 없는 부부의 심각한 문제

어떤 부부는 감정싸움이나 갈등이 한 번도 없다고 하자. 인상 한 번 쓰지 않고 티격태격할 이유도 없다. 그러면 무엇인가 이상하지 않은가? 분명 사랑하는 사이라면 상대의 표현을 99% 이상 기억하고 자신의 표현은 1% 미만으로 기억하는데, 인식과 표현이 극단적인 차이가 있으면 문제, 감정싸움, 갈등이 생기지 않을 수 없다. 인간이라면 작게라도 문제가 생기고 갈등이 생기며, 상대를 탓하게 되어 있다.

그러나 이러한 문제와 갈등이 없다면 어떤 인관관계라고 생각하는가?

문제와 갈등이 전혀 없는 인간관계는 아무 관심도 없는 인간관계로 상대를 타인으로 인식하는 것이다.

따라서 단 한 번도 싸워 본 적도 없고 갈등이 생겨 본 적도 없어서 매우 행복하다고 한다면 이는 무슨 뜻이겠는가?

이러한 경우는 둘 중에 하나이다.

첫 번째, 서로에게 관심이 없는 것이다. 즉 서로를 타인으로 생각하고 서로에게 관심과 신경을 쓰지 않기 때문에 기억되는 것이 없고, 상대를 탓할 것도 없다. 한마디로 관심이 없는 남남의 인간관계이다.

두 번째, 둘 중 한 사람이 자신의 감정을 참고 눌러서 억압하고 있는 것이다. 자신의 기억에 90% 이상은 상대의 탓임에도 환경과 상황에 맞도록 참고 억압하고 있기 때문에 문제나 갈등이 생기지 않는다.

결국 남남이든가, 둘 중 하나가 참는 것이다. 그런데 대부분의 인간관계를 보면 남자가 참는 경우는 거의 없고, 주로 여자가 참는다. 남자는 상처를 기억하지 못하지만, 여자는 상처를 잘 기억하기 때문에 참고 억압하는 것을 할 수 있다.

따라서 여자는 상처를 기억하고 있으니 심리치료가 가능하다. 하지만 남자는 참는 걸 못하기 때문에 스트레스를 받으면 화를 잘 낸다. 그 이유는 남자는 억압을 못하기 때문에 참는 것을 견디지 못하기 때문이다. 누군가가 억압하고 참고 있다면 언젠가는 억압된 상처가 표현된다. 마치 스프링을 꾹 눌러 놓으면 언젠가는 통제되지 않고 튀어 나가는 것과 같다.

이것을 풍선효과라고 한다.

한쪽을 누르면 한쪽에서는 튀어나오고, 또 다른 한쪽을 누르면 반대쪽에서 튀어나온다. 그런데 양쪽을 다 누르면 터질 수밖에 없다.

사랑하는 사람끼리는 싸움을 한다

사랑하는 사람들이 왜 극렬하고 강하게 싸우는 것일까? 이는 가장 가까운 사이라고 할 수 있다. 남자가 스트레스를 못 견디게 되었을 때, 지나가는 모르는 사람에게 해소하지 않는다. 밖에서 스트레스받는 일이 있으면, 참았다가 집에 와서 해소한다. 남자가 좋지 않은 이야기를 한다면 현재 스트레스를 해소하고 있다는 뜻이다.

반면 여자는 안 좋은 이야기를 하고 있으면 기억하고 억압했던 상처를 치료하고 싶다는 뜻이다. 마음을 회복하려고 치료하려 하기 때문에 상대에게서 안 좋은 말을 하면서 감정싸움과 갈등이 생기는 것이다. 여자들이 자신의 상처를 기억하고 표현하는 것은 자신의 상처를 치료하고 싶다는 뜻이다.

이처럼 여자가 상처를 치료하고 싶어 화를 내고 있다면, 화를 내고 있는 상대는 사랑하는 사람 또는 가까운 사람이라는 뜻이다.

예를 들면 여자가 동창회에 나가서 친구가 새 차나 새 집을 자랑하는 말을 듣다 보니 기분이 안 좋아지면서 현재의 자신이 뒤쳐진 것 같아 신경질이 났다고 해 보자. 일단은 안 좋은 기분을 눌러 놓고 상처를 안은 채 집으로 돌아왔다. 그런데 그날 아이의 성적이 썩 좋지 않다면 그 아이는 평소보다 더 강하게 혼난다. 결국은 그 아이가 성적을 잘 못 받아와서 평소보다 더 많이 혼나는 것이 아니다. 엄마의 감정이 어딘가에서 안 좋았고, 이를 치료하고자 표현하고 있는 것이다.

이렇듯 남자는 스트레스를 해소하려고, 여자는 상처를 치료하려고 안 좋은 감정을 표현하는데, 그 상대가 가까운 사람이어야 가능하다. 가까운 사람이라면 자신을 치료해 줄 것이라고 무의식이 작용하면서 자신도 모르게 표현한다.

그렇게 가깝고 사랑하는 인간관계에서 감정싸움이 확대되면 잘잘못을 따지다가 결국 둘 중에 한 사람이 참아야 끝난다. 잘못한 사람이 없는데 둘 중에 누군가는 참아야 끝나는 이유는 마음의 작용원리를 모르기 때문이다. 더욱이 여자들은 극한 감정으로 싸웠던 것은 평생 동안 기억에 남는다.

한 여자가 나이가 들어 공부하고 시험을 보지만 계속 떨어지면, 학창시절에 부모님 또는 선생님으로부터 시험과 관련하여 혼나고 상처 받았던 것이 기억나면서 시험과 연관되는 모든 상처를 기억하여 많은 스트레스와 상처를 또 입는다. 여자는 상처를 기억하고 살기 때문이다. 그러나 부모님이나 선생님은 그런 기억이 없다. 그래서 대부분의 여자들이 결혼하고 아이를 낳고 살다 보면 엄마에 대하여 좋은 기억도 있지만, 육아, 가사, 직장에서 스트레스를 받으면 엄마에게 해소하거나 치료하려고 하다가 감정싸움이 시작되는 경향이 있다.

결혼 후 모녀 간의 갈등이 생각보다 많은 이유는 안타깝게도 서로 많이 사랑하기 때문이다. 왜 사랑하는데 싸우고 괴롭히는 것인지 생각해 보자. 이는 마음의 작용원리를 몰라서 그런 것뿐이다.

상대와 마주 앉아서 마음의 작용원리에 나와 상대를 적용하여 분석해 보자. 상대가 했던 말과 행동과 표정, 내가 했던 말과 행동과 표정을 가감 없이 적용하면 놀랍게도 싸워야 할 이유가 사라진다. 즉 저절로 치료된다. 현재 의식과 무의식을 논하는 이유가 이 마음의 작용원리를 알면 마음을 치료하고 예방할 수 있기 때문이다.

마음의 병을 치료하기

그러나 대부분의 사람들은 처음엔 마음의 작용원리를 받아들이지 않는다. 분명히 상대가 잘못한 것이 있는데, 서로에게 잘못이 없다고 하니 받아들일 수 없는 것이다.

이렇게 상대를 탓하는 것이 우선으로 작용하면 치료되지 않는다. 누구의 탓인지는 잠시 접어 두고 그저 사람과 인간이 마음이 작용하는 원리를 알고 자신과 상대의 인식과 표현을 적용해 보자. 그러면 상대의 잘못도 내 잘못도 아니다. 어떤 사람은 마음에 병이 든 사람도 있을 것이고, 마음에 병이 들지 않은 사람도 있을 수 있다.

만약 상대가 마음에 병이 들었다면 의식과 무의식이 작용할 때 문제가 생기면서 표현이 이상해진다. 상처를 받으면 어떻게 작용되는지 살펴보면 그 사람이 마음에 병이 들었는지 안 들었는지, 무의식에 병이 들었는지 안 들었는지를 판단할 수 있다.

이렇게 마음의 병이 든 사람은 무의식의 틀, 즉 존재하지만 느낌이 없는 무의식의 습관을 변화하면 된다.

예를 들어 별모양의 틀이 자신을 아프게 만들고 계속 안 좋게 표현하도록 만드는 틀이라면, 새로운 틀을 만들어 주면 된다. 동그란 틀을 만들면 별모양의 틀 대신에 동그란 틀에 의해서 인식과 표현과 기억을 하게 된다. 그러면 마음의 병이 정상의 마음으로 돌아온다. 이것이 치료이다.

남자는 의식적이고 여자는 무의식적이다

　남자와 여자의 심리차이를 보면 남자는 의식적이고 여자는 무의식적이다. 남자는 자신의 생각을 기준으로 갖기 때문에 의식의 작용이 강하지만, 여자는 존재하지만 느낌이 없는 감정을 기준으로 갖기 때문에 무의식의 작용이 강하다.

　남자는 현재 자신이 느끼는 생각이 중요하고, 여자는 감정이 중요하다. 그래서 남자는 '맞다 틀리다'의 기준을 갖고, 여자는 '좋다 나쁘다'의 기준을 가진다.

　따라서 남자는 의식에 문제가 많이 발생하고, 여자는 무의식에 문제가 많이 발생한다. 이렇게 문제가 일시적으로 발생하면 심리문제라고 하고, 문제가 일정기간 지속되면 심리장애라고 한다.

　마음이 힘들어지면 남자는 대부분 의식의 느낌이 힘들어진다. 즉 생각의 자각이 힘든 것인데, 이는 인식과 관련되어 다른 사람들은 모두 맞다 하는데 자신만 틀리다고 하고, 정작 자신은 이를 모른다.

반면 마음이 아픈 여자는 무의식에 문제가 생기는데, 자신의 감정이 아프면 다른 사람들이 재밌고 즐거우면 더 아파지고, 반대로 자신의 감정이 좋으면 다른 사람들이 다 아파도 자신만 좋으면 된다.

남자가 사업을 하다 부도(不渡)위기가 발생했는데, 100만 원이면 해결할 수 있다. 그래서 아내에게 전화한다. 그런데 아내와 어제 강한 감정싸움을 했다면, 아내에게 부탁하더라도 돌아오는 대답은 "그게 자신과 무슨 상관이 있냐"는 말이다. 아내와 감정싸움을 하는 과정에서 현실에서는 100만 원이 부족하여 회사는 부도난다. 실제 이런 상황이 종종 발생한다. 부도나면 남자는 아내에게 "어떻게 그럴 수 있느냐"며 죽느냐 사느냐를 이야기한다. 그러면 여자는 그것은 "네 잘못이지 왜 내 잘못이냐"고 하면서 자신의 감정이 좋냐 나쁘냐가 중요하기 때문에 감정이 더 안 좋아진다.

안타깝게도 이렇게 감정싸움을 하다가 무너진 가정이 많다. 여자는 자신의 뜻대로만 하려는 남자가 이해되지 않고, 남자는 여자가 이해가 되지 않는다. 왜 서로 사랑하면서도 이해되지 않을까? 이는 남자와 여자의 마음이 다르다는 것을 모르기 때문이다. 따라서 마음의 작용원리를 아는 것이 중요하다.

남자는 외부정보를 인식할 때 좋은 것이든 나쁜 것이든 상대의 말과 행동과 표정 중에 표정을 가장 강하게 인식한다. 남자는 표정을 중요하게 인식하기 때문에 상대의 말이 욕을 하거나, 행동이 거칠어도 표정이 환하고 밝게 웃고 있다면, 상대가 귀엽게 느껴지고 애교라고 생각한다. 남자는 상대의 표정만 밝으면 말과 행동은 큰 의미가 없다.

반면 여자는 상대의 말과 행동과 표정 중에 말을 가장 강하게 인식한다. 여자는 말을 중요하게 인식하기 때문에 표정은 어두워도 괜찮은데 좋은 말이 나오느냐 나쁜 말이 나오느냐에 따라 감정이 달라진다. 즉 남자는 상대의 표정에 따라서 기분이 작용하고, 여자는 상대의 말에 따라서 감정이 작용한다.

남자와 여자가 이렇게 다르기 때문에 남자의 기분과 여자의 감정이 다르다. 부부를 상담할 때, 남편에게 일주일간 어떻게 지냈는지 질문하면, 남자는 아내가 일주일 내내 자신에게 화냈다고 말한다. 그래서 아내에게 화내지 말라고 했는데 왜 그랬냐고 물으면, 아내는 일주일 내내 말을 한마디도 하지 않았는데 화냈다고 하는 남편의 말이 이해되지 않는다고 억울해한다. 그러면 옆에서 아내의 말을 듣고 있던 남편은 아내가 일주일 내내 화난 표정을 지었다고 말한다. 이런 현상이 생기는 이유는 무의식의 표현을 상대방은 의식으로 인식하기 때문이다.

여자들은 말로써 감정을 표현한다. 스트레스 또는 상처로 인하여 감정이 안 좋으면 친구들을 만나 이야기하면서 힐링을 한다. 그러나 남자들은 기분이 안 좋으면 친구들을 만나서 좋지 않은 표정으로 행동한다. 즉 힐링하는 중이다.

여자들은 감정이 좋아지면 표정이 밝아지고, 남자들은 기분이 풀리면 말이 많아진다. 그래서 모임 장소에서 남자와 여자가 이야기를 하는 것을 살펴보면, 여자가 힐링되는지 남자가 힐링되는지 알 수 있다. 무의식의 표현인 말과 행동과 표정만 봐도 그 사람의 심리가 작용하는 것을 정확히 알 수 있다.

심리학의 심각한 오류

의식과 무의식은 인간의 마음인 생각에서 작용한다. 의식은 외부로부터 정보를 인식하고, 무의식은 외부로 마음을 표현한다. 그렇다 보니 인간은 외부에서 인식된 정보를 잘 기억하지만, 외부로 표현한 마음은 잘 기억하지 못한다. 그래서 인간관계에서 갈등이 생기면 항상 상대를 탓한다. 자신의 기억은 상대의 표현이기 때문이다. 그렇다고 상대의 잘못은 아니다. 자신과 상대는 모두 인간이기 때문에 그 누구의 잘못은 없다.

기존의 심리학과 새로운 개념의 마음과 심리의 원리가 다른 이유는 마음과 심리를 해석하는 관점이 다르기 때문이다. 기존의 심리학에서는 무의식을 해석하지 못하기 때문이다. 의식만을 해석하고 나머지 무의식은 유추(類推)할 뿐, 체계적으로 구체화하지 못하고 있다.

그래서 의식과 무의식만 정확히 알면 인지행동치료법만으로도 모든 심리장애를 완치(完治)할 수 있다. 그런데 무의식을 정확히 해석하지 못하기 때문에 심리학은 심각한 문제를 갖고 있다. 사랑하는 관계이지만, 서로가 마음의 작용원리를 몰랐을 뿐인데, 두 사람이 모두 잘못했다고 해석하는 것이 현재의 심리학의 문제이다.

의식과 무의식이 작용하는 원리를 알면 상대의 잘못도 아니고 자신의 잘못도 아닌 것을 알게 된다. 이것이 오해와 갈등의 실체이고, 오해와 갈등은 결국 몰라서 발생하는 현상이다. 내가 보고 느낀 생각이 정확할 것이라는 확신으로 인하여 상대를 탓하는 것이다.

이로 인하여 사랑하는 관계로 결혼하고, 사랑하기 때문에 이혼하고, 사랑하기 때문에 가정이 해체되는 것이다.

엄마 또는 아이들이 집을 나가는 것이 과연 그들의 잘못일까? 아니면 상대의 잘못일까? 결국 심리작용을 보면 그들의 잘못이 아니다. 이혼을 했다면 남편의 잘못일까? 아내의 잘못일까? 남편과 아내 모두 잘못한 것이 없다. 그런데 왜 그렇게 심각한 문제가 발생하는가? 마음과 심리의 작용원리를 몰랐을 뿐이지 그들의 잘못이 아니다.

이렇듯 모른 채 살아온 결과와 폐해는 심각하다. 그런데 아무도 '당신들이 잘못한 것이 아니다'라고 이야기를 하지 않는다. 상담실에서조차도 아무도 잘못이 없다고 말하지 않는다.

죄는 미워하되 사람은 미워하지 말라

갈등과 감정싸움이 발생하였을 때 가장 근본이 되는 것은 "여러분의 잘못이 아니다. 그리고 여러분은 서로 사랑하고 있다"는 개념이다. 이것이 기본이다. 이때 서로의 문제점들이 나타나면 문제가 있는 사실(事實, Fact)은 맞다. 이 사실을 바탕으로 감정의 문제가 발생하지 않도록 의식과 무의식을 서로 조정하면 된다. 즉 사실로 인하여 발생한 좋지 않은 감정인 별모양의 습관을 좋은 감정의 원모양의 습관으로 바꾸면 된다.

이것이 치료이다.

  문제가 발생하고, 잘못된 것이 있으면 치료하면 된다. 잘잘못을 논하는 것은 오해가 발생하고, 감정싸움이나 갈등으로 확대되면서 서로에게 스트레스 또는 상처를 준다.

  심리포럼의 심리토론을 통하여 사실의 문제와 갈등의 문제가 아닌 마음과 심리의 작용원리를 자연스럽게 하나씩 알아가면서 스스로의 힐링방법과 치료방법을 찾는 것이다. 그런데 현재의 심리학으로는 치료를 할 수 없다.

  문제 또는 잘못된 사실로 발생하는 감정에 대하여 두 사람이 모두 잘못이라고 하는데, 어떻게 치료할 수 있겠는가? 두 사람이 모두 잘못이 없어야 문제를 해결할 수 있고 치료할 수 있다. 한 사람의 입장에서 억울하면 치료될 수 없다. '죄는 미워하되 사람은 미워하지 말라'는 말이 있다. 사실에 대한 잘못된 것 또는 문제는 바로 잡으면 된다. 문제와 잘못으로 발생한 감정에 대하여 치료하면 된다.

  이때 한 가지 명심해야 하는 것은 인간이면서 사람이기 때문에 당연하게 발생하는 현상을 잘못되었다고 하면 안 되는 것이다. 즉 사람을 미워해서는 안 된다. 인간은 누구나 똑같은 사람일 뿐이다. 마음과 심리가 작용하는 원리를 몰랐고, 사실로 발생하는 감정문제를 해결할 수 없었던 것뿐이다.

  따라서 가장 우선적으로 알아야 하는 것은 나도 사람이지만 상대도 사람이고, 나도 인간이지만 상대도 인간이라는 것을 정확히 인식하고 기억하는 것이다. 그러면서 가까운 관계일수록 무의식이 강하게 작용하기 때문에 서로 상대를 탓할 수밖에 없는 것이 당연하고, 이 무의식의 작용은 자신의 마음을 보호하고 치료하는 것임을 알아야 한다.

오해하는 법을 배우면서 살고 있다

이렇게 자신과 상대의 마음과 심리를 아는 것이 '이해(理解)'이다. 우리가 지금까지 알았던 이해는 '사실을 보고 자신이 올바르게 판단하고 생각하는 것'이다. '상대가 화를 냈으니 분명히 나에게 안 좋은 생각을 갖고 화를 낸 것이다'라고 생각하면 이는 이해가 아니다. 그러나 지금까지는 이를 이해라고 했다.

과연 이것이 상대를 이해한 것일까?

이를 분석해 보면 상대가 무의식으로 표현하면서 화냈다는 것을 모르고 있는데, 어떻게 상대가 이해될 수 있겠는가?

외부에서 인식된 사실(상대가 화를 냈다)은 맞는데, 상대가 왜 화를 내는지 근본 원인(무의식의 작용으로 스트레스를 벗어나려는 표현)을 전혀 해석하지 못하고 있다. 따라서 어떻게 상대가 화냈다는 표현만으로 상대가 그럴 것이라고 확신할 수 있는가? 이는 이해가 아니라 오해이다. 즉 오해(誤解)는 자신과 상대의 마음을 잘못 해석하고, 잘못 확신하는 것이다.

우리가 살고 있는 사회가 원하는 이해, 심리학이 요구하고 있는 이해, 현재 우리가 알고 있는 이해 등에 대하여 실체를 분석해 보면 이해가 아니라 오해이다. 따라서 인간은 오해를 잘 한다.

인간은 인식과 표현이 다르게 작용하는데, 이를 모르고 있으니 인간이라면 오해할 수밖에 없다. 우리는 선조(先祖)로부터 오해하는 법을 배우며 살아왔고, 현재의 학문과 지식에서도 오해하는 법을 배우고 있다.

"나는 보이는 것만 믿는다, 보이지 않는 것은 절대 믿지 않는다"는 말을 많이 한다. 이 말은 결국 "나는 오해하면서 살 것이다. 절대 이해하지 않을 것이다"는 말과 같은 말이다. 이러한 사람들은 생각에 병이 든 것이라 할 수 있다.

자신이 생각한 것을 확신하고, 다른 사람들의 생각이 자신과 다르면 다른 사람들이 틀린 것이라고 하는 사람들은 자신에게 문제가 발생했을 때 자신은 그런 뜻이 아니었다고 변명한다.

학교에서 학생이 잘못된 행동을 했다고 선생님이나 부모님에게 혼날 때, 그 학생은 "행동은 잘못했지만, 그런 뜻이 아니었다"고 말하면서 억울해하는 경우가 있다. 이처럼 인식하는 사람은 자신이 보고 들은 것을 생각하고 확신하기 때문에 오해가 생긴다. 즉 실체인 무의식의 표현을 모르기 때문에 이러한 오해가 생길 수밖에 없다. 학생도 사람이고 인간이라는 것을 믿고 싶지 않고 인정하지 않고, 선생님이나 부모님은 자신만 사람이고 인간인 줄 착각하는 것이다.

무의식으로 말과 행동과 표정으로 표현하고, 자신은 표현한 것을 기억하지 못한다는 것을 알아야 한다. 이를 모르기 때문에 문제가 생기면, 그런 뜻이 아니었다고 변명하고 항변하면서 억울해한다. 그래도 이런 상황은 의식과 무의식이 건강하게 작용하고 있다는 뜻이다.

만일 의식과 무의식이 건강하지 않으면 변명 또는 항변을 하는 것이 아니라 상대를 향해 공격한다. 그래서 마음에 문제가 생기면 자신의 문제를 들었을 때 변명과 항변을 하지 않고 상대를 탓하고 상대의 잘못을 이야기하면서 상대를 공격한다. 상대가 나의 문제점을 말하는 것을 인식하는 것이 중요한 것이 아니라 자기 마음의 문제로 인하여 상대를 공격하여 표현하는 것이 중요해진다. 자신이 보고 들었던 것에 확신을 갖고 이해하려고 하지 않는다.

이해의 원리

인간관계의 사회에서 의식과 무의식이 작용하는 원리만 알아도 많은 부분을 이해할 수 있다.

친한 친구와 의절(義絕)한 경험이 있다면 왜 의절했는지 한번 생각해 보자. 남자는 치고받고 싸우더라도 화해하면 다시 가까워진다. 그런데 화해를 안 했을 뿐이다. 남자는 기분 상하면 끝이지만 기분이 상했더라도 스트레스를 기억하지 못하기 때문에 세월이 지나 다시 만나서 웃으며 이야기를 하면 다시 가까워진다.

그러나 여자는 그렇지 않다. 여자는 의절하면 오래 지속된다. 경우에 따라서는 평생 지속된다. '화해할 거면 왜 싸웠나'라고 생각한다. 설령 서로 웃으면서 화해하고 이야기를 할 수도 있다. 그러나 화해 후 뒤돌아서면 좋지 않은 감정이 지속되는 경우가 많다.

여자는 감정이 안 좋아지면 오래 지속된다. 따라서 반드시 오해를 풀지 않으면 안 된다. 남자들은 잊어버리니 별 문제가 되지 않지만, 여자들은 오해가 상처이기 때문에 오해를 안 받으려면 이해부터 해야 한다. 즉 마음의 작용원리를 알고 자신의 잘못도 상대 잘못도 아니라는 것을 알아야 한다. 이것이 이해이다.

배려의 개념

한 사람이 이해를 했다고 문제가 해결되는 것은 아니다. 문제를 해결하기 위해서는 이해한 것을 상대에게 적용해야 한다. 이것을 배려(配慮)라고 한다. 다만 이해했다고 해서 배려할 필요는 없다. 자신이 이해함으로써 스트레스가 해소되고 상처가 치료되어 편안해졌으니 이제는 문제를 해결할 수 있도록 상대에게도 베풀어 주는 것이다. 상대에게 맞춰 주는 것이 아니라 이해하고 베풀어 주는 것이 배려이다.

그러나 대부분의 사람들은 이해하면 배려해야 하는 것으로 알고 있다. 그것은 착각이다. 이해하는 것과 배려하는 것은 별개이다. 이해하면 자신의 스트레스가 해소되고 상처가 치료된다. 그리고 배려하면 상대의 스트레스가 해소되고 상처가 치료된다. 따라서 이해한 후 배려할 수 있고, 이해하고도 배려하지 않아도 된다. 중요한 건 자신이 먼저 편안해져야 상대를 편하게 해 줄 수 있다는 것이다.

문제를 해결하려면 우선은 본질을 정확히 알아야 한다. 문제를 알려고 하면 문제해결이 안 되니 사람들은 문제를 알려고 하지 않는다. 문제를 해결하려면 반드시 문제가 발생한 마음의 원리를 정확히 아는 것이 우선이다. 사람과 인간의 마음이 어떻게 작용되는지 알아야 하기 때문이다.

나의 표현이 잘못인가? 상대의 표현이 잘못인가? 나도 상대도 잘못한 것이 아니다. 그러나 문제는 분명히 존재한다. 문제는 있지만 나의 잘못도 상대의 잘못도 아니다. 상대의 잘못이라면 상대가 마음의 작용원리를 몰라서 잘못하는 것일 수도 있다. 상대가 무엇을 모르고 있는지 내가 아는 것이 필요하다. 상대도 나와 똑같은 인간으로서 마음이 작용하고 있다는 것을 알아야 한다. 상대가 나와 똑같은 인간이 아니라고 부정하면 나는 치료되지 않는다. 상대의 표현이 이해되지 않기 때문에 나에게 스트레스와 상처가 생긴다. 이는 남자도 여자도 똑같다.

상대의 표현이 이해되지 않는다면 나에게 스트레스와 상처가 생긴다. 또한 나의 표현을 상대가 이해하지 않으면 상대에게 스트레스와 상처가 생긴다. 이때 남자는 잊어버릴 수 있지만, 여자는 이해가 되지 않으면 이해가 될 때까지 계속 마음이 작용한다. 그래서 이해하는 것이 자신의 상처를 치료하는 방법이다. 이해하는 것을 여자들은 힘들어하고 싫어하는데 이는 이해하고 싶지 않기 때문이다. 이해하려고 노력하면 답답하고 힘든 상처가 왜 발생했는지 이해되지 않는다. 스트레스와 상처의 근본적인 원인은 의식과 무의식이 작용하고 있는 인간이지만, 나와 상대 역시 잘못된 것이 아니라는 것을 알고 싶지 않기 때문이다.

즉 서로가 상대를 이해하고 싶지 않는 것이다. 그래서 서로 치료되지 않고 서로에게 스트레스와 상처의 원인이 된다. 이해를 해야 치료되고 문제를 해결할 수 있다. 상대와 함께 문제를 해결하는 방법이 배려이다. 또한 이해가 되어야 배려를 할 수 있다. 그래서 문제의 잘잘못을 생각하지 말고 인간의 마음과 심리의 작용원리를 정확히 알고, 나의 잘못이 아니라는 것이 증명하면 나에게는 스트레스와 상처가 사라진다. 나의 잘못이 아니고 나는 열심히 잘 살아왔다는 것을 알게 된다. 그런데 상대도 열심히 잘 살아왔다. 하지만 상대보다는 우선 자신의 마음과 심리부터 먼저 정확히 알아야 한다.

상대의 표현을 해석하기

상대가 나를 미워하고 욕하고 상처가 되는 말을 했다면, 내가 정말 미워서 의도적으로 말했다고 생각하는가? 그렇지 않다. 상대도 자신이 왜 그렇게 표현했는지 모르고 기억도 잘 하지 못한다. 상대 자신의 스트레스 해소와 상처치료를 위하여 무의식으로 표현했기 때문이다.

남자는 스트레스에서 벗어나기 위하여 자신이 했던 표현을 기억하는 경우가 있다. 남자들은 스트레스에서 벗어날 때 기억하는 사실이 있다. 그래서 스트레스의 비슷한 상황이 되었을 때 기억하는 표현만 하면 벗어날 수 있다. 그러나 사실은 기억하더라도 감정은 기억하지 못한다. 따라서 어떻게 표현하는지는 중요하지 않다. 자신의 표현이 상대에게 스트레스와 상처가 된다는 것은 생각도 못 한 채 자신의 스트레스에서 벗어나는 것이 중요하다.

엄마가 아들에게 잔소리한다고 할 때, 어느 날 아들이 엄마의 잔소리를 참다못해 엄마를 밀치는 상황이 발생하고, 엄마의 잔소리가 멈추었다면, 다음번 잔소리에서는 엄마에게 더욱 폭력적이 될 수도 있다. 그러면 아들은 자신이 잔소리의 스트레스에서 벗어난다는 것을 기억하기 때문이다. 그래서 폭력은 진화한다. 언어폭력도 진화한다. 진화하는 이유는 스트레스와 상처에 대응하는 방법을 기억하기 때문이다. 남자는 스트레스를 해소하고, 여자는 상처를 치료하는 대응방법을 습득한다. 그런데 이것은 그 사람의 잘못이 아니라 인간이라면 누구나 똑같다.

따라서 어떤 사람이 언어폭력을 하고, 물리적 폭력을 행사한다면, 폭력문제를 해결하면 된다. 남자는 스트레스를 벗어나야 하고, 여자는 상처를 치료하는 것이 당연하기 때문에 이것은 잘못된 표현이 아니다.

언어폭력을 하는 사람을 보면, 처음부터 평지풍파를 만들지 않는다. 처음에는 한 마디부터 시작해서 두 마디로 점점 늘어나는 것뿐이다. 이러한 문제는 언어폭력이라는 별모양의 습관을 순화된 말이라는 원모양의 습관으로 만들면 된다. 그러면 그 사람은 더 이상 언어폭력의 문제가 생기지 않는다. 즉 근본 문제를 해결하려면 우선적으로 의식과 무의식이 다르게 작용하고 있다는 것을 알아야 한다.

이 작용원리를 모르기 때문에 자신도 모르게 무의식에서 문제가 생기는 것이다. 우리 주변에 이러한 상황이 많이 발생하지만 인간관계에서는 무조건 발생할 수밖에 없는 현상이라는 것을 알아야 한다.

무의식은 문제해결의 핵심

외부에서 인식할 때는 의식이 작용하고, 외부로 표현할 때는 무의식이 작용하고 있다는 사실을 아는 것만으로도 핵심을 아는 것이다. 무의식은 생각하는 것이 아니다. 무의식은 존재하지만 느낌이 없기 때문에 생각으로 느끼지 못한다. 그래서 자신이 말과 행동과 표정으로 표현하고도 자신이 느낄 수 없다.

반면 자신이 인식한 것은 인식은 존재하면서 느끼기 때문에 외부로부터 인식한 것은 기억한다. 생각하지 않고 무의식으로 표현했던 말과 행동과 표정을 상대가 인식하고 느낌으로 생각하면 상대는 기억하고 있고, 상대가 표현한 것은 내가 기억하고 있다. 이는 가까운 인간관계, 사랑하는 인간관계일수록 이런 현상이 강하다. 상대가 무관심한 남이면 굳이 상대의 표현을 인식하고 생각하여 기억할 이유가 없다.

또한 내가 기분 나쁘다고 타인에게 표현할 때, 타인에게 피해를 입힌다면 범죄(犯罪)가 된다. 범죄의 심리는 근본적으로 무의식으로 표현할 때 발생한다. 그러나 현재의 심리학에서 이 마음의 작용원리를 가르쳐 주지 않는다. 나의 무의식이 나와는 전혀 관계없는 사람에게 표현될 때,

자신에게 좋은 것이든 안 좋은 것이든 타인에게 피해를 입힌다면 이때 범죄가 발생한다.

절도(竊盜)와 같은 경우, 자신이 생존해야 하니까, 의미 있는 삶과 가치 있는 인생을 살고자 하는 욕구로 인하여 말과 행동과 표정으로 표현할 때, 타인에게 피해를 입히는 것이다. 가정폭력과 학교폭력 역시 사랑하는 사람, 가까운 사람, 자신에게 피해를 절대 주지 않을 것이라고 확신하는 사람에게 무의식으로 표현하기 때문이다.

이러한 범죄는 의식과 무의식의 작용원리를 정확히 알면 해결할 수 있다. 대부분의 사람들은 이 무의식의 작용원리를 믿지 않는다. 그런 범죄를 저지른 사람들은 사람이 아니라고 생각하기 때문에 믿고 싶지 않고 인정하고 싶지 않은 것이다. 즉 범죄자도 사람이고 인간이라는 것을 부정하기 때문에 범죄자가 이해되지 않고, 이해되지 않기 때문에 스트레스와 상처가 치료되지 않아서 힘들고 어려운 것이다. 먼저 범죄자는 범죄를 저지르기는 했지만, 그 사람의 자아실현 또는 무의식의 표현으로 인하여 범죄가 발생했다는 것을 이해하면 최소한 자신의 스트레스와 상처가 사라지고, 마음이 편해진다. 이것이 이해이다.

그러나 범죄를 이해했다고 죄를 지은 사람을 배려할 필요는 없다. 범죄의 상황에 따라서 배려해 줄지 배려하지 않을지는 이해한 사람의 판단일 뿐이다. 최소한 자신의 스트레스를 해소하고 상처를 치료하기 위해서는 이해는 해야 한다. 이해하기 위해서는 의식과 무의식이 작용하는 원리를 정확히 알아야 한다. 안타깝게도 대부분의 사람들은 의식만 알고, 무의식이 작용하는 원리를 아무도 알려 주지 않으니 이해할 수 없는 것이 현실이다. 따라서 아무리 설명하고 이야기를 해도 이해할 수 없고, 아무리 책을 읽고 마음수양을 하여도 이해가 되지 않는다.

　유명하고 훌륭하신 분이 이야기를 하는 것을 들었을 때, 올바르고 좋은 이야기는 맞지만, 일정한 시간이 지났을 때 상황이 이해되지 않는 경우가 있다. 이는 의식의 이야기이기 때문이다. 무의식의 이야기가 없다. 그래서 훌륭하고 좋은 이야기를 하는 것은 맞지만, 무의식의 이야기를 하지 않기 때문에 이해가 되지 않고, 자신 또는 상대가 잘못한 것이 된다. 즉 둘 중 한 사람 또는 두 사람 모두 잘못을 기본에 두고, 이미 사람과 인간을 부정했으니 문제가 해결될 수 없는 것이다. 특히 내가 잘못되고, 내가 살아온 삶과 인생이 잘못되었다고 하면, 자신부터 이해되지 않고 억울해지고 힘들어진다.

　따라서 제일 우선은 인간의 마음이 의식과 무의식으로 구성되어 있고 의식으로 인식하고 무의식으로 표현한다는 것을 아는 것이다. 예를 들어 며칠 전에 친구를 만나 수다를 떨었다. 과연 내가 무슨 말을 했을까? 친구가 한 이야기는 잘 기억나는데 내가 무슨 말을 했는지 일부분만 기억나고 구체적으로 어떤 이야기를 했는지 잘 기억나지 않는다. 불과 며칠 전 일이라도 여러분은 잘 기억나지 않을 것이다.

　의식과 무의식의 작용원리를 알고 나도 상대도 사람이면서 인간이라는 것을 이해하고 난 후, 문제해결을 하면 된다. 그러나 이해하기 전에 문제해결을 먼저 하려고 하면, 나와 상대가 사람이면서 인간이라서 잘못이 없는 것이 이해되지 않기 때문에 스트레스와 상처가 발생한다. 즉 문제의 원인을 모른다.

공부를 잘하는 방법

마음의 작용원리, 의식과 무의식이 작용하는 원리는 스트레스의 해소 또는 상처를 치료하는 원리이기도 하지만, 공부를 잘하는 원리이기도 하다. 다른 많은 강사나 선생님들은 청소년들에게 교육할 때, 제일 많이 알려 주는 것이 공부를 잘하는 방법이다.

그러나 그 효과는 미지수이다. 남자와 여자에 따라서 정도의 차이가 극명하게 나타나기도 한다. 그러나 청소년들에게 마음과 심리의 인식과 표현의 원리를 알려 주고, 무의식을 조절하는 방법을 알려 주면 공부의 내용은 쉽고 빠르게 기억되며 성적이 향상된다. 이는 마음의 작용원리가 이해되기 시작하면 강력한 지적욕구가 생기기면서 인식되는 것이 이해되고 기억이 잘 된다.

사람들이 공부가 잘 되지 않는 이유는 마음의 작용원리가 이해되지 않아 마음과 심리가 안정이 되지 않고, 이해하려는 생각의 작용으로 인하여 힘들기 때문에 뇌가 원활히 작용하지 못하기 때문이다.

그러나 이해되고 심리가 안정되면, 뇌는 많은 정보를 인식하려고 한다. 마음의 작용원리를 설명해 주고 난 후 이를 적용해 보면, 평소와 다름없이 공부한 것 같은데 성적이 상승하는 결과가 나온다.

이는 심리교육을 했던 한 고등학교에서 이미 검증했다. 전문대를 가는 것조차 대단하다고 할 수 있는 고등학교이자, 학구열이나 학업성취도가 최하인 학교였지만, 심리교육을 받았던 학생들은 학습능력이 크게 상승

했다. 학생들이 전혀 다르게 변화한 것이다. 이는 일주일에 한 번씩 한 학기 동안 마음의 작용원리에 대해 교육을 하였고, 학생들이 마음의 작용원리를 알게 되면서 공부하는 모든 지식이 이해되기 시작하면서 지적 욕구가 강화되어 공부가 재밌어지기 시작한다. 결국은 지금까지와는 전혀 다른 삶과 인생을 살기 시작했다.

마음의 작용원리를 아는 것이 이해이고, 이해는 자신의 스트레스와 상처를 치료한다. 이 학생들의 가정환경이 불우하고 잘못된 마음을 갖고 있어서 문제가 생긴 것이 아니다. 단지 마음을 이해할 수 없어서 힘들고 어렵다고 표현한 것뿐이다.

남자의 무의식과 여자의 무의식이 어떻게 작용되는지 알게 되면서 왜 부모님이 이혼할 수밖에 없었는지, 왜 그렇게 싸우셨는지, 왜 그렇게 나를 괴롭혔는지… 모든 현상이 다 해석되고 이해되기 시작한다. 부모님이나 선생님이 자신을 세상에서 제일 미워하는 줄로만 알았었는데 진심으로 사랑하는 인간관계면 그렇게 될 수밖에 없다는 것, 부모님이나 선생님의 잘못도 내 잘못도 아니라는 것을 이해하게 된 것이다.

그럴 때 학생들은 울먹이며 말한다. "선생님 진짜 제가 잘못한 게 아니죠?", "부모님이 날 버린 게 아니네요" 그렇다. 학생들은 잘못한 것이 없다. 학생들은 이 말이 제일 듣고 싶었다고 한다. 그래서 그 학생들의 부모님이나 선생님을 모시고 함께 이 이야기하면 눈물바다가 된다. 눈물바다가 될 수밖에 없는 이유는 마음의 작용원리를 몰라도 너무 몰랐기 때문이다.

미국 괌주정부의 소년원(DYA)에 수감된 청소년들에게도 이 마음의 작용원리를 알려주었다. 범죄를 저지르고 수감된 그 청소년들에게도 마음의 작용원리를 알려 주기만 하면 된다. 그 청소년들도 몰라서 범죄를 저지르고 세상을 원망하고 자포자기의 심정으로 살고 있었다.

서로 이해하자

일단 다른 것은 다 배제하더라도 '의식과 무의식의 차이'를 알아야 한다. 기존의 심리학에서 알려 준 개념은 잠시 잊고 새로운 무의식의 개념을 알아야 나의 잘못도 상대의 잘못도 아닌 것을 이해할 수 있다.

이해가 되어야만 문제를 해결할 수 있다. 문제를 해결할 것인지 해결하지 않을 것인지는 이해하고 나서 판단하고 결정해도 된다. 일단은 이해되어야 스트레스와 상처에서 벗어날 수 있고, 자신에게 문제해결의 능력이 생긴다. 이해되지 않으면 배려할 수 없기 때문이다.

이해가 되지 않았는데 배려를 할 수 있다고 생각하면 그것은 자만심(自慢心)이다. 자신이 생각한 것이 올바르기 때문에 자신이 생각한 대로 해야 문제를 해결할 수 있다고 생각하는 것은 잘못된 것이고, 자신도 모르면서 자신이 다 알고 있다고 하는 자만이다.

이는 사람과 인간에 대한 모독(冒瀆)이다. 따라서 상대가 아무리 문제를 저지르고 잘못하였다고 하더라도 상대도 나와 같은 사람이고 인간이라는 사실을 잊어서는 안 된다. 그래야만 내가 또는 상대가 문제를 해결할 수 있는 기회가 있다.

　이해되지 않으면 문제를 해결할 수 있는 기회조차 오지 않고, 더욱 이해되지 않으니 더 힘들고 아프고 고통스러워진다.

나는 누구인가?

　사람마다 스트레스를 해소하는 방법이나 상처를 치료하는 방법을 알려 줄 때는 방법이 모두 다르다. 이는 무의식이 달라서 그런 것이 아니라 기억이 다르기 때문이다. 마음은 기억을 생각하고 자각하는 느낌이기 때문에 기억이 다르면 마음도 다르다.

　기억이 똑같은 사람은 전 세계에 단 한 명도 없다. 설령 자식일지라도 나와 마음이 같을 것이라고 생각하면 큰 착각이다. 왜냐하면 살아온 경험과 지식의 기억이 다르기 때문이다.

　'나는 누구일까?' 나는 과거의 기억을 자각하고 느끼는 존재이다. 그래서 지금 이 순간에도 나의 기억은 변하고, 나도 변하고 있다.

　사람들에게 "나는 누구인가?", "당신은 누구인가?"라고 물어 보면 쉽게 대답하지 못한다. 기억은 끊임없이 변하고 있기 때문이다. 즉 나도 끊임없이 변하고 있으니 순간적인 과거기억의 나는 이미 현재의 내가 아니다.

그래서 나는 죽을 때까지 존재하면서도 현재의 나를 느끼지 못한다. 사람들이 죽음을 앞두고 있거나, 자살하기 전에 '나는 누구인가?'를 생각하면서 자신을 찾는 현상이 나타난다.

그러나 결국은 나는 누구인지 찾을 수 없다. 왜냐하면 오늘은 내가 나인 줄 알았는데, 내일이 되면 어제의 내가 아니기 때문이다. 즉 기억하고 있는 것이 나이기 때문에 이미 나는 바뀌어 있고, 그래서 나와 같은 사람은 전 세계에 단 한 명도 없다.

사람인 인간은 누구나 존중해야 한다. 그 후에 잘했는지 잘못했는지, 그리고 존재가 있는지 없는지를 논할 문제이다. 그래서 습관을 만들 때는 좋은 습관인지 나쁜 습관인지는 알 수 없기 때문에 습관을 만들고자 하는 사람들에게 자신 스스로가 만들 수 있는 마음의 작용원리를 알려주면 된다.

습관을 만드는 원리

습관을 만드는 원리는 앞서 설명을 했다.

남자와 여자가 습관을 만드는 방법은 다르다. 인간은 누구나 1단계에서 10단계까지의 순서에 의해서 습관이 바뀌는 것은 똑같다. 그런데 남자와 여자가 습관을 만드는 과정은 다르다.

세상의 모든 남자는 1단계에서 노력해서 2단계로 변화했더라도 아직 습관이 만들어지지 않았고, 스트레스를 인식하면 기존의 습관에 의하여 처음으로 돌아간다. 그런데 1단계에서 2단계까지는 실천했었기 때문에 예전보다는 쉽게 2단계까지 가고, 다시 조금 더 노력하면 3단계로 간다. 그런데 또 스트레스가 인식되면 기존의 습관에 의하여 다시 처음으로 돌아가고, 1단계부터 다시 노력을 해 나간다. 그렇게 스트레스가 인식되면 처음으로 돌아가 다시 노력하는 실천을 반복하다 보면 어느 순간에 10단계에 이르게 된다. 10단계에 이르렀을 때 스트레스가 인식되면 처음으로 돌아가지 않게 되는데 이때가 습관이 새롭게 만들어진 것이다. 그래서 남자는 습관을 바꾸려면 피나는 노력이 필요하다. 습관을 만드는 과정에서 처음으로 돌아가더라도 습관을 만드는 필요성을 인식하고 계속 노력해야 한다. 이로 인하여 남자가 바뀔 때에는 중간 과정이 없는 것처럼 느껴지지만 남자는 10단계에 이르러서 습관이 만들어지면 1단계로 돌아가지 않는다. 습관이 만들어진 것이다. 남자는 이렇듯 중간에서 계속 처음으로 돌아가다 보니 어느 순간에 갑자기 1단계에서 10단계로 바뀐다. 이는 여자들의 입장에서는 이해되지 않는다.

  그런데 세상의 모든 여자는 남자와 다르다. 여자들은 1단계에서 노력해서 2단계로 변화했지만, 상처가 인식되면 1단계로 돌아간다. 이때 다시 노력해서 2단계를 넘어 3단계로 간다. 그런데 3단계에서 상처가 인식되면 처음으로 돌아가는 남자들과는 달리 바로 직전 단계인 2단계로 돌아간다. 2단계에서부터 다시 노력해서 3단계를 지나 4단계로 가고, 다시 상처가 인식되면 직전 단계로 돌아가서 다시 노력하면서 10단계에 이르게 된다. 이 10단계가 되면 습관이 만들어진 것이다.

만약에 1단계에서 10단계까지 습관이 만들어지는 기간이 10개월이 소요된다면, 남자는 9개월까지는 처음과 똑같아 보인다. 3개월째나 9개월째나 스트레스를 인식하면 처음으로 돌아가기 때문에 하나도 바뀐 게 없어 보인다. 그래서 바뀌지 않은 상태로 9개월을 노력하고, 10개월째가 될 때 갑자기 바뀌는 것이다. 그런데 여자는 10개월이 소요되는 것은 같지만 시간이 지나면서 조금씩 변화되면서 10개월이 되었을 때 비로소 습관이 만들어진다.

이것이 남자와 여자의 차이점이다. 이러한 남녀의 차이점으로 인하여 남자는 인식이 매우 빠르지만 그것을 생각할 때는 느리다. 남자는 생각은 느리지만, 생각하면 이해하는 것은 빠르다. 그리고 이해한 것을 기억하는 것은 느리다. 그래서 돌아서면 잊어버리고, 돌아서면 잊어버리고, 남자는 잘 잊어버린다. 반면 여자는 반대로 작용한다. 인식은 느리지만 인식되면 생각은 매우 빠르다. 그러다 보니 생각한 것을 이해하기까지는 시간이 오래 걸린다. 하지만 이해되면 기억은 빠르다. 여자는 이해되면 기억되지만, 남자는 이해된다고 기억되는 것이 아니다. 그래서 이해력은 남자가 좋고, 기억력은 여자가 좋다. 이러한 것이 습관을 만들 때 복합적으로 작용한다. 그래서 남자가 습관을 바꾸려면 의지를 갖고 10개월간 노력을 지속하고, 여자는 노력한 만큼씩 변화하는 것이 남자와 여자의 차이점이다. 그래서 학생들의 습관을 변화시키는 방법도 남학생과 여학생이 다르다.

습관의 변화를 위한 노력을 하다 중간에 그만두더라도 여자는 변화를 위한 노력을 한 만큼 변화되고, 남자는 처음으로 돌아가서 예전 그대로이다. 그러나 남자는 1단계에서 3단계까지 노력했다면 이미 한 번 실천을 해 봤기 때문에 다시 노력하면 3단계까지는 어렵지 않다. 따라서 습관이 만들어지는 기간은 그리 중요하지 않다. 사람마다의 상황에 따라서 1개월이 소요될지, 아니면 10개월이 소요될지는 모른다.

남자의 경우 실패 또는 좌절했을 때 용기를 주려면 "넌 그게 꼭 필요해"라고 알려 주는 것보다는 우선 이해를 해야 한다. 왜 변화를 해야 하는지 이해하면 자신 스스로 필요성을 느끼고 다시 노력한다. 남자는 스스로가 필요하지 않으면 노력을 하지 않는다.

따라서 남자는 처음으로 돌아갔다고 좌절감을 느끼더라도 자신이 10단계까지 가려는 자기의 필요성이 인식되어야 한다. 따라서 곁에서 조언을 할 때, '너에게 얼마나 필요한 것인 줄 아느냐' 하는 것보다 '너 진짜 지금도 잘하고 있으니깐 한 번 더 해 봐'라고 하는 것이 좋다.

반면 여자들은 '난 안 되는 가 봐'라고 말하지만 분명한 것은 변화하고 있다. 그런데 여자들은 마치 예전의 처음으로 돌아간 것처럼 느끼지만 남자들은 실제 처음으로 돌아가 있기 때문에 어차피 자신은 처음의 그대로라고 생각하면서 포기하기가 쉽다. 따라서 스스로의 지속적인 노력이 필요하다. 이렇듯 동기유발의 방법도 남자와 여자가 다르다. 그래서 여자는 자신의 생각에서 남자도 이럴 것이라고 생각하는 것은 오해이다.

여자는 1단계에서 2단계로 갈 때 힘들어하는 것을 위로하고 격려하면서 노력하도록 하면 2단계에서 3단계로 가면서 변화를 지속한다. 직전 단계로 돌아가기는 하지만 처음으로 돌아가지 않는다. 그러나 남자는 여자와 같이 위로와 격려보다는 자신 스스로가 10단계까지 가겠다는 의지를 갖도록 하는 것이 중요하다. 만일 남자에게 누군가 곁에서 동기부여를 해 준다고 "잘하고 있다"는 말도 여러 번 듣게 되면 스트레스가 된다. 그러면 그때부터 노력하는 것이 싫어지면서 포기할 수 있다. 결국 곁에 누군가 도와주는 사람이 없어도 된다. 남자는 곁에서 도와주는 사람이 없어도 자신이 필요성을 느끼면 바꾼다. 그런데 여자는 곁에서 도와주는 사람이 없으면 쉽게 좌절한다. '자신도 하나 못 바꾸는 내가 무슨….'이라고 생각하면서 자존감을 떨어뜨린다. 또한 습관을 바꿀 때 나이가 어릴수록 빠르게 바꿀 수 있다. 나이가 어릴수록 변화하려는 자아형성의 욕구가 강화되기 때문이다.

왕따 문제의 해결방법

왕따 문제를 생각해 보자. 의도적으로 남을 괴롭히는 아이들은 스트레스를 인식할 때 주변에 가깝고 편한 사람이 없기 때문에 자신이 만만한 상대를 대상으로 자신도 모르게 표현하는 것이다. 즉 스트레스를 해소하는 것이다.

따라서 이것을 바로 잡기 위해서는 가해자와 피해자를 분리하고, 피해자에게 왕따를 이해하는 교육을 하고 가해자에겐 습관을 고쳐야 한다고 말한다. 이것이 현 교육의 방법이다.

그러나 가해자는 먼저 인간의 마음이 작용하는 원리를 이해해야 한다. 이해를 한 후 문제를 해결하기 위하여 현재의 습관을 필요한 습관으로 바꿔주는 것이다. 즉 자신만의 스트레스 해소법을 알려 주는 것이다.

학교의 왕따 문제를 없앨 수 있는 방법은 왕따에 관련한 가해학생 또는 피해학생이 마음의 작용원리를 알고 서로를 이해하고 존중하는 것이다. 그러나 이것이 쉽지 않다. 왕따를 이지메(いじめ)라고도 표현하는데, 이는 가해학생이 말과 행동과 표정으로 표현하는 것이 피해학생을 향해 공격하기 때문이다. 왕따는 상대학생을 무시한 것이 아니고 공격하는 것이다. 그런데 이런 왕따는 그 학생들이 의도적으로 하는 것이 아니다.

또한 왕따가 발생하면 피해학생 또는 가해학생이라는 표현을 쓰고 있지만 실제는 피해학생도 가해학생도 아니다. 남학생은 자신의 스트레스를 해소하고, 여학생은 자신의 상처를 치료하기 위하여 상대학생을 괴롭히면서 스트레스를 해소하고, 상처를 치료하려고 하는 것이다.

그런데 스트레스의 해소와 상처의 치료를 위하여 표현할수록 스트레스와 상처는 더 커진다. 그래서 왕따는 시간이 갈수록 더욱 강화된다. 이는 자신도 모르게 무의식으로 표현하면 일시적으로 조금은 편해지고 재미있기 때문이다. 즉 일시적으로 스트레스가 해소되고 상처가 치료된 것처럼 착각하게 된다.

그래서 왕따의 가해학생들은 공부를 위하여 학교를 가는 것보다는 왕따를 하는 재미에 학교에 간다. 따라서 이런 현상이 왜 발생하는지 마음의 작용원리를 알려 주고 이해하게 해야 학교에서 왕따가 사라질 수 있다.

왕따를 시킨 학생도 왕따를 당하는 학생도 서로가 잘못된 것이 아니라는 것부터 시작해야 한다. 왕따를 시키는 학생은 스트레스가 작용하고 있거나, 상처를 많다는 뜻이다. 그래서 스트레스를 해소하거나 상처를 치료하려고 하는 것뿐이다.

이를 학생들 스스로가 알 수 있도록 마음의 작용원리를 알려 주고, 스트레스를 해소하는 방법과 상처를 치료하는 방법을 알려 주면 된다. 결국은 왕따를 하는 학생도 왕따를 당하는 학생도 잘못한 것이 아니다. 모두가 사람이고 인간이기 때문에 나타나는 현상이다.

여러분은 스스로 스트레스를 해소할 때 또는 상처를 치료할 때 어떻게 하는지 생각해 보라. 이 학생들과 다르지 않다는 것을 알게 될 것이다.

만일 왕따 문제가 학생들 스스로 이해하면서 해결되면 왕따를 시켰던 학생과 왕따를 당했던 학생이 친해진다. 마음의 작용원리가 이해되면 서로 가까운 사이였다는 것을 알게 되기 때문이다.

이는 앞서 말한 한 고등학교에서 증명했던 것 중에 하나이다. 왕따를 주도하던 학생이 마음의 작용원리를 알고 나서부터는 자신이 왕따를 시켰던 학생을 보호하기 시작했다. 그 친구에게 매우 미안해져 이런저런 이야기를 주고받다가 친밀한 사이가 되었다. 자신도 모르게 그 친구에게 무엇인가 해 주고 싶고 도와주고 싶게 된 것이다.

일베와 메갈의 비교

일베(보수사이트인 '일간베스트')는 남성중심이고 메갈(메갈리안)은 여성중심이다. 일베와 메갈의 문제에 대하여 심리적 관점에서 살펴볼 필요가 있다.

일베를 하는 사람들을 대상으로 사회학분야에서 논문을 쓴 사람이 있는데, 이 논문에서 남자들이 일베를 하는 이유는 재밌어서 한다고 하였다. 남자는 스트레스의 치료라는 개념이 없기 때문에 인식되는 것이 재미있고 즐겁기만 하면 된다. 그래서 일베의 경우는 도덕적·윤리적·개념적·사회적 등에 문제가 된다는 사실에는 관심이 없고 그냥 일베에서 자신들끼리 게임하듯이 즐기는 것이다.

타인에게 무의식으로 표현할 때, 타인에게 피해를 주면 범죄이다. 온라인과 익명성에 의하여 타인에 대한 표현을 공개적으로 했을 때, 대상이 피해를 입으면 범죄이다. 일베든 메갈이든 둘 다 똑같다. 남녀평등주의, 극단적 이기주의, 극단적 보수주의, 페미니즘 등과 연결되어 있다. 특히 일베는 남성우월주의 사고를 기초로 하고, 메갈은 여성우월주의 사고를 기초로 한다. 이것이 없으면 남녀평등을 논하지 않는다. 진정한 남녀평등은 남자와 여자가 같다는 것을 정확하게 아는 것이다. 남자와 여자가 왜 같은지 정확히 알아야 평등할 수 있다.

그런데 일베나 메갈은 서로를 부정한다. 상대를 부정하기 때문에 자신이 부정된다는 것을 모른다. 혐오주의자들의 특징은 상대를 부정하는 것이다. 상대를 부정할 줄만 알았지 자신이 부정되고 있다는 것을 모른다. 즉 극과 극은 항상 같이 공존한다. 남자들을 혐오하는 사이트가 만들어진 것이 조금은 늦었다. 남자들은 즉흥적이지만 여자들은 조금 느리다.

그래서 남자들이 먼저 즉흥적으로 만들고 활동을 시작하면, 그 다음에 여자들이 시작한다. 이는 사회현상도 똑같다. 범죄도 남자들이 주로 많이 저지르기 시작하지만, 몇 해가 지나면 여자도 남자와 똑같은 범죄를 저지르게 된다. 그래서 대부분의 사회현상은 남자가 먼저 시작한다.

메갈에서 남자화장실에서 대변보는 것을 몰래 찍어서 올리는 것은 남자에 대한 복수심 때문이다. 남자들은 재밌어서 시작하지만 여자들은 복수심 또는 상처의 작용이다. 그래서 남자가 먼저 했으니 우리도 할 수 있다고 하는 것이다. 이것이 남녀평등이라고 말한다. '이에는 이, 칼에는 칼'이라는 식이다.

여자는 마음이 아프다는 것을 느끼는 이유는 의식의 느낌을 가지는 것인데, 자신이 아프다고 느낀다는 것은 무의식이 상처를 치료하려는 순간 의식으로 아픔을 느끼는 것이다. 그래서 아픔을 느낀다는 것은 무의식의 마음에너지가 상처의 감정을 치료하려는 여자의 심리가 작용하는 것이다.

그런데 상처가 많은데도 불구하고 의식으로 아픔을 느끼지 못하는 것은 무의식이 치료하려고 하지 않기 때문이다. 결국 마음이 작용할 때 문제가 발생한 것이고 이를 심리장애라고 한다.

'인생 뭐 있어 재밌게 살면 되지'라면서 즐겁고 재미있고 맛있고 좋은 것만을 위해서 살아가는 여자들은 마음이 아프지 않다. 대신 스트레스를 받으면 매우 위험해진다.

우리가 심리포럼의 심리토론을 통하여 '마음과 심리의 작용원리와 이치'를 알려 주고자 하는 것은 인간화를 위한 것이고, 평화주의를 실천하고자 함이다. 간디(Mohandas K. Gandhi)가 위대한 이유가 바로 비폭력주의 때문이다. 간디의 철학은 '진실은 통하고, 진실은 이긴다'는 것인데, 대부분의 사람들은 맞대응을 한다. 맞대응을 하면, 대립과 폭력만 존재하게 된다.

SNS는 사람관계망

　SNS는 페이스북, 트위터, 블로그 등 같이 SNS라도 양방향이냐, 단방향이냐의 차이에 따라서 조금 다르다. 그러나 SNS에서는 사람도 인간도 존재하지 않는다. SNS에는 마음과 심리가 존재하지를 않는다.

　SNS는 사회관계망이라고 하는데, 관계라는 것은 인간의 상호심리작용이지만 네트워크(온라인)에서 이루어지는 관계는 존재하지만 실제는 없기 때문에 SNS를 많이 활용하는 사람들은 인간으로 존재하고 느끼고 있다는 착각에 빠지면서 심리장애가 쉽게 형성된다.

　그래서 SNS에 빠진 사람들은 마음과 심리가 문제가 되고, 심리장애로 발전한다. 심리장애에 가장 위험한 것 중에 하나가 중독인데, 착각하는 생각에 강박을 갖게 되고 중독되면서 인간성을 모두 버리게 만드는 심리장애가 중독증이다. 따라서 SNS에 빠져 있는 사람들은 작은 스트레스에도 매우 공격적인 성향을 나타낸다. 좋을 때는 매우 좋다가도 조금이라도 자신에게 해가 되는 일 또는 스트레스가 인식되면 매우 강력하게 공격하는 것이다.

　따라서 SNS에 빠져드는 것은 바람직하지 않다. 그러나 인간으로서 사회를 살아갈 때 의미와 가치를 추구하는 데 필요하다면 SNS를 어떻게 활용할 수 있는지 생각해야 한다. 즉 SNS를 자신의 마음과 연관 짓지 않으면서 삶의 의미와 인생의 가치를 실현해 갈 수 있는 용도로 쓰는 것이 좋다.

그러나 SNS에서 인간으로서의 마음을 나누려 하고 마음의 행복을 위해 SNS를 하는 사람들이 대부분인 것은 안타까운 현실이다. 어느 한 분야에 집중하고 SNS를 통하여 사람들과 공감하면서 행복을 추구하는 사람들이 많다는 것은 그만큼 SNS로 인하여 인간의 마음이 병들고 있다는 뜻이다.

최근 페이스북도 많이 변화되고 있다. 과거에는 개인의 마음을 중심으로 발전했다면, 최근에는 정보를 중심으로 발전하고 있다. 이는 SNS에서는 인간의 마음과 심리가 존재하지 않는다는 것을 알게 된 사람들이 정보로 전환하고 있는 것이다.

그런데 어린아이들과 많은 사람들이 자기 개인의 마음에 연관된 이야기를 하고 있다. 이러한 이야기는 표현하는 무의식이 아니다. 표현은 무의식이 작용해야 하는데, 글과 영상은 의식적으로 쓰게 되기 때문에 무의식이 아니라 의식이 작용한다. 따라서 의식을 중심으로 작용하면서 감각중심이 될 수밖에 없다.

결국은 무의식의 표현이 사라지고, 인간관계가 네트워크를 바탕으로 형성되면서 인간관계의 핵심인 'Face to Face'는 점점 사라지고, 실제 현실에서 곁에 사람이 있는 것을 매우 불편하고 답답하고 힘들어한다. 즉, 네트워크가 아닌 현실에서 사람을 사귀는 것이 점점 어려워진다.

SNS는 인간관계를 파괴한다

　SNS는 인간관계를 네트워크에서는 강화시키되 오프라인에서는 인간관계를 파괴시키고 있다. 인간관계를 멸하는 것이다.

　예를 들어 갑자기 SNS 시스템이 다운된다면, 어떻게 되겠는가? 서로 인간관계를 맺지 못하기 때문에 범죄나 약탈이 급속도로 번지기 시작할 것이다. 구약성경을 보면, 소돔과 고모라가 나오는데 현재의 상황이 바로 그 직전 단계라고 볼 수 있다.

　SNS가 전 세계를 지배하고, 바이러스의 문제로 시스템이 다운되면서 오랜 기간 지속되면 인류는 파괴되기 시작한다. 인간관계를 맺으면서 자아실현을 추구하며 살아야 하지만, 인간관계를 만들 줄 모르니 내가 살기 위해 상대의 것을 빼앗는 범죄가 만연하게 된다. 오롯이 자기 주도의 자유와 권리만을 추구하면서 인간관계가 사라지고 사람으로만 살게 되어 파괴되는 것이다.

　어른은 어느 정도 마음을 제어할 수 있지만, 아이들의 경우는 마음을 제어할 수 없으니 구제해야 하는 것이 아닐까? 만약 학교에서 한 아이가 왕따를 당하고 있다고 하자. 이 아이는 자신은 페이스북에 친구들이 있으니깐 학교 친구들은 만나고 싶지 않게 된다. 이럴 때 아이를 구제하려고 하면 안 된다. 그럴 필요가 없다. 그 아이는 문제가 있는 아이가 아니다. 그저 '마음의 작용원리'를 모르는 것뿐이기 때문에 알려 주면 된다. 그리고 이해가 되면 사람들과 어울리기 시작할 것이다.

마음의 작용원리를 모르는 아이나 부모에게 어떻게 설명해 줘야 하는지 궁금해진다. 이렇게 심리포럼에서 토론하고, 공부한 후 누군가에게 이야기할 때, 한 명씩 늘어나면 된다. 급하다고 해서 강박을 갖고 사람들에게 꼭 배워야 한다고 하면 상대방은 스트레스를 받는다. 그렇게 하면 그 사람의 심리에 문제가 생긴다. 그냥 알려 주면 되는 것이니 가르치려고 하면 안 된다.

몰랐던 것을 알려 주면 되지만, 그렇게 되기 전에 예방이 시급하다. 세상은 빠르게 변하고 있다. 페이스북 회사를 없앤다고 해결되는 문제가 아니다. 또한 나쁜 것이 아니다. 게임도 나쁜 것이 아니다. 게임도 중독을 만들게 될지 몰랐다. 그런데 게임은 중독되도록 만들어졌다. 저자의 아들도 게임에 중독되어 있었는데 강제로 게임을 못하게 하지 않은 이유는 중독을 바꾸면 되기 때문이다. 중독은 특정한 대상에 강박적으로 몰입하는 힘이다. 이 중독증으로 인하여 다른 사람에게 피해를 준다면 치료 또는 전환해야 하지만, 자신 또는 다른 사람에게 피해를 주지 않는다면 몰입하는 힘을 행복한 마음으로 전환시키면 몰입을 잘한다. 그래서 저자의 아들은 기타나 자전거에 몰입하기도 한다. 자전거에 몰입했을 때는 자전거로 장기간 전국일주를 한 적도 있다. 즉 특정한 하나에 빠져들 수 있는 힘은 만들고 싶다고 만들어지는 것이 아니다.

아들이 게임에 중독되었고, 다른 사람에게 피해를 주지 않아서 치료를 하지 않으면 엄마의 입장에서 볼 때는 스트레스와 상처가 된다. 그러나 엄마들의 상처는 게임을 하지 않아도 아이들의 문제라면 다른 스트레스로 인하여 상처를 입는다. 엄마가 자식을 양육할 때는 아이가 95점을 받아 와도 속으로는 100점을 받아 온 옆집 아이 때문에 상처를 입는다. 그러나 엄마들은 마음에서 이 상처를 억압하고 표현하지 않는다. 여자는 상처를 기억하기 때문에 그 상처가 무엇이든 상처를 기억하고 산다.

남자아이는 가능하지만, 여자아이는 어렵다. 여자는 어린 나이에 남자에게 빠지면 심각하다. 요즘 여자 청소년들 중 남자친구가 있는 경우가 많다. 부모님으로부터 사랑받고 행복하기 때문에 상처가 거의 없는 아이들은 남자친구가 필요하지 않다. 그런데 성(性)교육이 왜곡되고 잘못되어 여자의 상처가 작용하면서 부모님으로부터 못 받은 사랑을 남자친구로부터 받으려고 하는데 이는 상처의 작용으로 인하여 치료하려는 마음이 작용한다.

인간은 동물과 교감할 수 없다

SNS에 빠진 사람들은 무의식의 표현을 잘 하지 못하기 때문에 타인과 마음을 나누는 것이 힘들다. 그래서 사람을 사귀기 힘들다. 이는 애완동물을 자식 또는 인간관계의 사랑과 감정으로 키우는 것과 똑같은 원리이다.

애완동물을 키우는 것은 인간의 삶과 가치를 추구하는 것에는 전혀 문제가 없지만, 애완동물을 자식 또는 가족으로 인식하고 마음과 감정을 나누는 사람들은 공통적으로 동물과 교감은 하지만 인간관계에서의 교감은 어려워진다.

단적으로 말하면, 마음이 없는 동물과 심리작용을 하고, 생각을 나누고 있는 것이다. 따라서 주변의 사람들과 마음과 심리가 작용되지 못한다. 결국은 인간인 자신이 마음이 없는 동물이 된 것을 모르고, 의식과 무의식의 마음인 생각이 인간으로서 작용하기 어렵다.

동물은 생각이 없다. 만약 동물이 생각하면 어떻게 될까? 개는 후각이 매우 뛰어나고, 박쥐는 초음파를 관리하는 능력을 갖고 있는데, 생각을 갖고 서로 행복과 가치실현을 위하여 협력하고 아이디어 및 생각을 교류한다면, 감각기관이 발달하지 않은 인간은 벌써 멸망했을지도 모른다. 인간은 다섯 개의 감각기관이 인간관계를 만들어 가도록 되어 있기 때문에 특정한 감각기관이 발달할 이유가 없다. 이는 생각으로 감각정보들을 조절할 수 있기 때문이다.

과거 뉴질랜드에 상담을 갔었다. 그곳은 혼자 살면서 인간관계를 차단한 채 먹고 살기 위해 일하면서 애완견 또는 고양이를 자식처럼 양육하면서 사는 사람이 많다. 그렇다면 과연 이 사람은 행복할까?

아니다. 매우 우울하다. 애완견과 함께 있으면 행복하다는 감정을 갖지만, 개의 수명은 사람보다 적다. 그래서 애완동물이 죽을 때마다 사별 트라우마인 '외상 후 스트레스장애'를 겪는다. 사는 동안 사별 트라우마를 몇 번씩 겪게 되므로 심각한 문제가 되지 않을 수 없다.

애완동물을 키우는 것이 잘못되었다는 것이 아니다. 애완동물에게서 위로받고 위안될 수 있지만, 애완동물을 사람 또는 인간으로 인식하고 교감해서는 안 된다. 마음까지 나누게 되었을 때는 심각한 마음의 병이 든다.

'애니멀 커뮤니케이터'라는 직업은 사기꾼에 가깝다. 절대 인간은 동물의 마음을 알 수 없다. 동물은 생각이 없기 때문에 마음이 있을 수 없다. 그렇다면 '애니멀 커뮤니케이터'가 밥을 거부하던 개를 설득하여 개를 변하게 하여 잘 뛰어 놀게 만든다고 생각해 보자.

이 분석은 매우 간단하다. 개를 잘 뛰어 놀게 하려면 개에게는 이곳이 생존이 보장되고, 안전한 곳이라는 것만 인식시켜 주면 된다. 즉 생존이 충족되고, 편안한 환경이 만들어지면 잘 뛰어 논다. 이는 인간도 똑같다. 먼저 안전이 보장되어 존재의 생존에 확신(건강하게 살고 있다는 확신)을 갖게 되면, 그 다음에는 인간으로서 자신의 의미와 가치를 추구하며 살아간다.

자녀양육과 사랑

부모는 자식을 사랑하고 있다고 생각할 수도 있다. 안타깝게도 이는 부모의 착각일 수 있다. 만약에 아이가 배고파하는데 맛있는 음식을 만들어 주는 것과 10,000원을 주면서 음식을 사먹으라고 하는 것은 두 경우 다 양육하는 것은 같지만 전자는 사랑이 있고, 후자는 사랑이 없다.

또한 아이들이 학교를 갈 때 준비물을 챙겨야 하는데 엄마가 준비물을 검사하여 작은 것 하나까지 잔소리하는 것과 10,000원을 주면서 준비물을 해결하라고 하는 것은 아이에 대한 관심인 사랑의 차이이다. 즉 사랑은 관심인데, 관심이 있고 없고의 차이는 사랑이 있고 없고의 차이이다.

요즘 워킹맘(Working Mom)들은 아이들에게 잘해 주고 싶어도 너무 바빠서 연락도 제대로 못하는 경우가 많다고 말한다. 그러나 이는 엄마의 변명이고 핑계이다. 중요한 것은 작은 문자 한 통이라도 아이를 향한 관심을 담아 보냈을 때 아이들이 '아, 내가 엄마한테 이렇게 관심을 받는구나'라고 느낀다는 것이다. 그러면 아이들은 배고픈데 굶어도 마음의 상처가 생기지 않는다.

여자아이들이 집을 나가고 성매매를 하는 것이 과연 그 아이들이 돈이 필요해서 그런 것일까? 물론 집을 나가서 배고프니 생계(생존)를 위하여 어쩔 수 없이 선택하는 경우도 있겠지만, 대부분은 성교육의 영향을 받아서 성매매를 한다.

성교육을 하면 남자아이들과 여자아이들은 많이 다르다. 여자아이들은 부모가 관심만 보여 주면 바로 집에 들어간다. 그런데 집을 나가는 이유는 밖에 나가면 자신에게 관심을 주는 사람들이 많기 때문이다.

이때 왜 학교의 선생님들은 아이들에게 관심을 주지 못하는 것인지 생각해 볼 수 있다. 선생님들은 학생들에게 관심을 많이 준다고 생각할 수 있다. 그러나 선생님들도 다양한 스트레스를 받게 되었을 때 마음의 스트레스와 상처로 인하여 어려움을 겪는다.

선생님들의 스트레스가 많아지면 선생님 스스로가 해소 또는 치료되지 않는다. 그래서 미처 아이들에게 관심을 줄 수 없고, 이로 인하여 선생님 또는 스승으로서 마음이 무너지고, 직업적인 교사만 남는다.

아이들을 가르치는 사람만 있지 아이들에게 관심을 갖고 이끌어 주는 선생님 또는 스승이 사라지고 있는 것이 현실이다. 그 아이들은 부모님 또는 선생님에게 관심만 받아도 문제가 생기지 않는다. 부모들이 아이들을 학교에 맡기는 이유 중에 가장 큰 하나는 내 아이에게 관심을 쏟아달라는 것이다.

결국 학교의 선생님이 아이들을 보육까지 해야 되는 것이다. 현 실정이 그렇다. 현 사회와 가정이 변하다 보니 학교는 거의 보육원 수준이 되었다고 볼 수도 있다.

온라인 커뮤니티의 현실문제

왕따와 같은 경우는 여러 사람이 한 사람을 괴롭히는 것으로 말과 행동과 표정의 표현이 직접적으로 드러나는 반면, SNS와 같은 경우에도 집단이 하나를 공격하는 마녀사냥과 같은 경우는 집단적인 표현이 직접적으로 드러나 보이지 않는다. 이는 현실에 많은 영향을 미친다.

SNS는 온라인의 네트워크에 존재하고 있기 때문에 네트워크에서만 표현하는 것은 문제가 되지 않지만, 오프라인인 현실에서 누군가가 직접적인 피해를 입게 되면 이는 범죄이다. 온라인이 현실범죄의 온상이 되고 있다.

예를 들어 게임의 자체는 문제가 되지 않는다. 문제는 게임의 채팅창을 통하여 이야기를 하다가 오프라인의 현실로 옮기는 순간 문제가 심각해지는 것이다. 오프라인으로 옮기지 않으면 별 문제가 되지 않는다.

만일 오프라인의 현실이라도 오락실에 가서 혼자 오락하는 것은 괜찮은데, 그 오락실에서 나쁜 사람들과 어울리면 문제가 되는 것이다. 현실의 커뮤니티에 따라서 문제가 나타난다.

채팅게임의 문제가 아니라 채팅게임을 하는 커뮤니티가 현실로 옮겨졌을 때 문제가 발생한다. PC방에서 옆에 앉아 채팅하면서 게임하는 것이 문제인 것과 같다.

또한 한 집안에 있으면서도 카톡을 하는 것도 같다. 엄마와 아이가 각자의 방에서 카톡으로만 이야기한다면 온라인이 현실에 영향을 주게 되어 심각한 상황이라 할 수 있다. 온라인에서 표현한 것이 현실적으로 타인에게 피해를 입히면 범죄가 되고, 현실의 문제를 온라인으로 표현하면 심리장애가 발생한다.

요즘 초등학생들은 아프리카 BJ가 장래희망이라고 한다. 별 풍선을 많이 받아 수입을 갖고, 그렇게 사는 것이 장래희망이라고 할 정도로 아이들이 아프리카TV에 많이 노출되어 있다. 많은 사람들이 우려하기도 하지만, 미래는 누구도 모른다. 그 아이들이 훗날 어떻게 유명해질지, 그래서 그 아이들이 자신의 현실적 가치를 이루면서 살아갈지는 누구도 모른다. 따라서 이 장래희망을 나쁘다고만 표현하면 안 된다.

여자끼리 대화할 때 상처를 이야기하면 같은 여자끼리는 상처가 전염된다. 여자는 간접경험도 자신의 직접경험과 같이 기억되기 때문이다. 따라서 SNS나 아프리카TV의 채팅에 참여하지 않고 보기만 하더라도 문제가 생기는 것이다. 남자들은 스트레스가 발생해도 쉽게 잊어버리기 때문에 남자에게는 문제가 생기지 않지만, 여자들은 간접경험을 하기 때문에 심각하다.

SNS가 쌍방향인 것이 단방향인 것보다 더 영향이 크다. 이는 커뮤니티이기 때문이다. 온라인에서 관계가 형성되면 오프라인에서 관계를 잘 형성하지 못한다. 오프라인에서 사람을 만나고 사귀는 것보다 온라인에서 사람을 만나는 것이 더 빠르고 쉽기 때문이다.

온라인에서 관계를 맺다가 오프라인의 현실에서 만남으로 이어지는 것은 자아실현의 추구 때문이다. 인간이기 때문에 자아실현을 추구하는 것이니 잘못된 것이 아니다.

문제는 온라인에서 채팅으로 만나 오프라인으로 만나면 문제가 발생한다. 그 이유는 다른 사람을 만나는 것이 쉽기 때문이다. 결국 인간관계를 쉽게 생각하고 자신의 느낌만을 추구한다. 자신이 좋으면 즐겁게 만나고, 자신이 좋지 않으면 상대를 쉽게 바꾸면 된다.

이는 온라인이 활성화된 사회에서 많이 발생하는 현상이다. 이를 통제하고 막을 수 있으면 좋겠지만, 그럴 수는 없다. 문제를 최소화하기 위하여 우리가 인간이라는 것만이라도 알려 주는 것이 최선의 방법이다. 모두가 사람이고 인간이기 때문에 백 명 중에 한 명만이라도 예방할 수 있다면 앞으로의 미래는 희망이 있다.

무의식 심리교육

 무의식의 작용원리에 대한 심리교육을 하면서 모든 사례별로 어떻게 해야 하는지 알려 주는 것은 아니다. 페이스북을 할 때 어떻게 해야 되는지, 친구를 만났을 때 어떻게 해야 되는지 알려 주는 것이 아니다.
 인간은 사람이기 때문에 사람으로 생각할 때가 있다. 그때 못 견뎌서 힘든 것이 아니라 '아, 참 이랬지, 이게 나에게 이런 영향을 미칠지도 모르겠네' 하면서 생각하는 시간을 줄 수 있도록 만든다.
 그런 순간이 올 때 자신의 자아(自我)가 흔들리지 않도록 자신을 만들어 갈 수 있다. 이런 것이 쌓이도록 하는 것이 우리가 심리포럼을 하고 심리토론을 하는 이유이다.
 갈등 또는 대립 후에 화해할 때 먼저 손을 내밀고 '내 탓이었어'라고 반성하는 사람들은 그 사람하고 관계를 빨리 해소하고 싶어 할 수도 있고, 자신의 감정을 억압하는 것일 수도 있지만 인간의 마음이 작용하는 원리를 정확히 이해하지 못하고 있다고 본다. 관계를 빨리 회복하고자 하는 자신의 목적을 이루려고 하는 것뿐이다. 억압을 하는 것도 자신의 목적에 의해서 억압하는 것일 뿐, 인간의 마음을 이해하는 것이 아니다.
 문제의 관점에만 계속 해석하면 이해되지 않는다. 잠시 문제의 관점에서 벗어나서 인간은 누구나 다 똑같다는 것, 그리고 마음의 작용원리에 문제를 적용하면 문제를 해결하는 방법을 알게 된다.
 인간의 궁극(窮極)은 죽는 날까지 자신의 행복을 추구하도록 태어났다.

그래서 자신이 행복해질 수 있는 방법은 인간의 마음과 심리가 작용하는 원리와 이치를 이해하는 것이 우선이다. 그러면 심리는 저절로 스트레스와 상처의 해결능력을 갖게 되면서 행복해진다.

 한 수저에 배가 부르지 않기 때문에 차근차근 가다 보면 자신도 모르는 사이에 마음을 이해하게 되면서 마음이 여유로워진다. 그렇게 마음에 여유가 생기면, 대립과 갈등이 사라지고, 내 주변 사람들이 한 명씩 행복해진다.

APPENDIX

심리포럼 안내

1. 심리포럼 개요

1) 개요

① 고유번호: 309-82-60949

② 설립일자: 2016년 02월 24일

③ 주소: 서울 광진 아차산로 378, 3층 305호(자양동, 한승빌딩)

④ 연락처: Tel. 02)455-6004, E-mail. mindforum@daum.net

2) 심리포럼의 목적

지금까지 많은 사람들이 마음과 심리를 공부하고, 심오한 진리를 깨닫기도 하지만 대부분은 어설픈 지식으로 많은 사람들에게 마치 진리인 듯 이야기한다. 이런 자칭 전문가들이라고 하는 지식인들에 의하여 마음과 심리의 진리는 가려지고, 그들의 지식과 논리에 현혹되어 인간관계와 사회는 점점 더 병들어 가고 있지만, 그 누구도 마음과 심리의 진리를 알 수 없도록 특정 개인과 단체의 사리사욕을 채우기 위한 수단으로 전락되었다.

마음과 심리에 대한 많은 이론, 도서, 종교적 해석, 강연, 교육, 학문…등이 진리가 아닌 어설픈 사실만을 기초로 하고 있으며, 감언이설로 포장된 말장난에 불과하며, 진실을 모른 채 자신이 진리인 듯 확신하는 어리석은 사람들에 의하여 대부분의 사람들이 고통을 받는 것을 더 이상은 두고 볼 수 없었다.

이에 따라 심리포럼은 사람과 인간의 본질, 진리, 이치와 원리를 사람들에게 알려 주고, 함께 토론하고 배우면서 사람으로 존재하면서 행복을 추구하는 자유와 평등의 권리를 갖고 조화와 질서를 기초로 존재의 의미와 가치를 추구함으로써 사람으로 태어나 인간으로 살아가는 인류의 위대한 존엄과 가치를 찾고자 한다.

사람과 인간이라면 누구나 갖고 있는 마음과 심리는 더 이상 타인이 아닌 자신에게 존재하고 있으며, 자신의 마음과 심리의 본질, 진리, 이치와 원리를 알면 누구나 행복할 수 있다. 이는 사람과 인간의 권리이고, 책임이며, 의무이다. 따라서 남녀노소를 불문하고, 학력·자격·경제력·기술·능력… 등에 관계없이 마음과 심리는 모든 사람과 인간에게 동일한 원리와 이치로 작용하기 때문에 누구나 마음과 심리를 알 수 있도록 "전 국민"이 참여할 수 있는 심리포럼이 필요하다.

이젠 모든 사람들이 마음과 심리의 본질·진리·이치·원리를 쉽게 이해하고 알 수 있도록 "심리계몽운동"을 펼쳐 가기 위하여 심리포럼을 설립했고, 매주 심리포럼의 행사를 실시하고 있다.

심리포럼은 인간의 마음과 무의식에 대한 심리이론을 기초로 지금까지 알려져 있지 않은 인간의 마음과 심리에 대하여 "대국민 심리계몽운동"을 실천하기 위한 '심리토론모임'이다.

심리포럼은 비영리로 운영하며, "대국민 심리계몽운동을 위한 토론모임"이다. 심리포럼의 지역별, 학술별, 분야별, 단체별… 기타 다양한 관련 심리포럼을 독자적으로 운영할 수 있는 심리포럼의 전문가를 양성하고, 인간의 마음과 심리에 대한 새로운 심리이론을 체계적으로 학습하고자 하는 분들을 위하여 심리포럼의 토론모임과는 별개로 개인별로 집중적인 학습을 할 수 있는 기회를 제공한다.

2. 운영 심리포럼

심리포럼은 분야별 심리포럼을 2016년 3월부터 오픈하고 있으며, 전국 지역별로 심리포럼을 운영한다. 심리포럼은 누구나 참여하여 논제에 대하여 토론을 자유롭게 할 수 있으며, 마음의 작용원리와 이치를 쉽게 알 수 있도록 한다. 또한 심리포럼은 수익사업을 하지 않는 비영리 단체이다.

1) 심리포럼(http://cafe.daum.net/hamindforum)

인간의 마음과 심리의 작용원리와 이치에 대한 전반적인 논제, 사회이슈 및 현상에 대한 심리분석, 인간관계의 마음작용, 심리병증의 원인과 치료방법 등에 대한 다양한 심리를 토론하는 모임이다. 인간의 마음과 심리를 알고 싶은 사람이라면 누구나 참여할 수 있다.

2) 남편외도포럼(http://cafe.daum.net/hamindforum)

남편외도, 남편불륜, 남편바람기, 남편에 대한 의부증, 남자친구의 바람 등으로 인하여 어려움을 겪고 있는 남편, 아내, 부부 등이 참여하여 남편외도의 심리, 남편의 마음, 아내의 마음, 상간녀의 심리, 분노와 분노치료, 상처와 상처치료, 외도상담의 실체, 기타 남편외도에 관련한 다양한 심리를 토론하는 모임이다. 남편외도로 어려움을 겪는 분이라면 누구나 참여할 수 있으며, 20세 이상의 성인을 대상으로 하는 심리포럼이다.

3) 선생님심리포럼(http://cafe.daum.net/tmindforum)

선생님들의 교육프로그램에 대한 심리토론, 교육프로그램과 교육기법의 연구와 개발, 학생에 대한 교육방법, 학생심리, 선생님심리, 학부모심리, 학생의 인성교육 및 예방교육, 선생님의 인성교육 및 예방교육, 가정·자녀·부부·친구·지인 등의 인간관계에 대한 심리 등 선생님을 중심으로 다양한 분야의 심리를 토론한다. 학교의 선생님, 교육대학 재학생·졸업생, 퇴직 선생님, 예비 선생님 등이 참여하는 심리포럼이다.

4) 연예심리포럼(http://cafe.daum.net/emindforum)

연예인(배우, 탤런트, 가수, 모델, 방송인, 아나운서, 기타)의 심리, 소속사의 심리, 인간관계의 심리, 가족·부부·자녀·친구·지인 등의 인간관계, 심리문제와 심리장애, 사회이슈와 언론정보 등의 다양한 원리와 이치를 토론하는 모임이다. 심리치료기법, 심리상담기법, 심리교육기법 등을 통하여 심리문제와 심리장애 및 인간관계 갈등 등의 문제해결과 예방법을 토론하는 심리포럼이다.

5) 기업심리포럼(http://cafe.daum.net/comindforum)

기업·공기업·단체 등의 인성심리, 임직원의 심리, 거래처 및 직장동료의 인간관계의 심리, 가족·부부·자녀·친구·지인 등의 인간관계, 심리문제와 심리장애, 사회이슈와 언론정보 등의 다양한 원리와 이치를 토론하는 모임이다. 기업관련 심리치료기법, 심리상담기법, 심리교육기법 등을 통하여 심리문제와 심리장애 및 인간관계 갈등 등의 문제해결과 예방법을 토론하고 생산성향상, 직무능력향상, 창의력향상, 스트레스와 상처의 치료 및 힐링 등에 대하여 토론하는 심리포럼이다.

*다음(www.daum.net)에서 카페명을 검색하면 된다.

3. 출간도서 안내

1) 학부모의 힐링(2015.12)

페이지 208 Page / **정가** 10,000원 → **할인가** 7,000원

이 책은 초등학교 학부모를 대상으로 하는 강의를 기초로 하여 개발된 심리이론의 일부분을 소개함으로써 학부모님들이 이 책을 읽으면서 자연스럽게 스트레스와 상처를 힐링할 수 있도록 집필하였다.

이 책은 여러분이 힐링과 관련한 다양한 도서, 교육, 강연, 인터넷 정보 등을 통하여 알게 된 내용과는 많이 다를 것이며, 항상 말과 행동과 표정으로 표현하면서도 전혀 느끼지 못했던 인간의 마음과 심리가 작용하는 원리를 알 수 있도록 구성하였다.

저자는 심리치료교육의 내용 중 학부모에게 꼭 필요한 몇 가지의 원리를 설명하면서 학부모의 스트레스와 상처에 대한 힐링방법을 개발하였고, 이를 초등학교 학부모를 대상으로 강의하면서 검증할 수 있었다.

2) 일과 업무의 힐링(2016.01)

페이지 218 Page / **정가** 12,000원 → **할인가** 8,000원

이 책은 저자가 '고려대학교 노동대학원'에서 강의했던 내용을 기초로 집필하였고, 일을 하는 모든 사람들에게 필요한 내용을 담고 있다. 어느 곳에서 어떤 일을 하든 경제적 가치, 인간관계의 가치, 사회적 가치 등을 추구할 때 발생하는 다양한 스트레스와 상처의 힐링에 대한 이야기이며, 누구나 편하게 읽을 수 있다.

한정된 범위에서 일과 업무의 스트레스를 힐링하는 방법을 구체적으로 쓰는 것은 어려움이 많기 때문에 가능하면 인간의 마음과 심리의 원리에 기초하여 일과 업무에 대한 힐링의 방법을 설명한다.

이 책은 주제는 크게 네 가지로, 첫 번째는 인간의 심리에 대한 기초를 설명하고, 두 번째는 일과 업무에 대한 인간의 심리에 대하여 설명하며, 세 번째는 주변에서 흔히 발생하는 일중독에 대하여 설명하고, 네 번째는 일과 업무가 행복에 어떤 영향을 주는지 설명한다.

4. 심리교육 안내

1) 심리교육의 내용

심리교육은 심리학습과정과 교육전문가 과정에서 공통으로 학습하는 심리이론에 대한 내용으로 인간의 마음과 심리의 작용원리와 이치를 정확히 학습할 수 있도록 구성하였다.

지금까지 어떠한 심리교육도 체계적인 심리이론과 심리치료기법을 포함하고 있지 않다. 그만큼 심리포럼의 심리교육의 내용은 지금까지의 어떠한 심리교육과도 비교할 수 없을 만큼 세부적이고 실질적인 내용이며, 효과도 매우 뛰어난 것을 오랜 기간 검증하였다.

① 사람과 인간

사람과 인간, 몸과 마음, 인간의 마음, 인식과 표현, 사실과 감정, 인간관계의 기초, 이해와 배려, 스트레스와 힐링, 행복의 추구, 자아실현

② 삶과 인생

편안한 삶, 즐거운 삶, 행복한 삶, 인생과 삶, 존재와 가치, 자아존중, 나는 누구인가?, 나는 왜 사는가?, 인간과 동물, 비교의 문제

③ 인간의 마음

심리발달과정, 의식과 무의식, 자각과 습관, 마음의 근원, 인식과 표현, 기억과 생각, 인간심리의 이해, 인간관계, 남자와 여자, 성년과 미성년

④ **인간의 심리**
성별의 의미, 행복의 차이, 감정기억의 차이, 마음의 차이, 호감과 재미, 외형과 마음, 패션심리 소개, 수면요법 소개, 신체와 마음, 성공과 행복

⑤ **기분과 감정**
인간의 감정, 사실과 감정, 기분과 감정, 감정의 자각, 감정의 기억, 오감과 감정, 감정의 발생, 감정의 표현, 감정의 실체

⑥ **감정과 심리**
인간의 행복, 몰입, 기분과 열정, 감정과 사랑, 긍정감정, 부정감정, 자기중심의 심리작용, 상대중심의 심리작용, 심리의 과유불급

⑦ **남자와 여자**
행복추구, 기분과 감정의 차이, 스트레스와 상처의 차이, 스트레스와 행복, 남자와 여자의 우울증, 남자와 여자의 자아실현, 청소년의 행복

⑧ **인간의 행복**
여자의 행복, 남자의 행복추구, 남자의 사랑, 남자의 심리활용법, 심리활용법, 여자의 행복구조, 위로와 행복의 착각

⑨ **인간관계**
인간관계의 형성, 친밀한 인간관계, 의식적 인간관계, 비정상 인간관계, 행복추구의 차이, 몰입의 차이, 남자의 열정과정, 여자의 행복구조

⑩ 성격과 심리

연애, 결혼, 습관과 성격, 습관의 이중심리, 습관 만들기, 습관의 변화, 매력과 유혹, 장점과 단점, 심리대칭원리, 핑크렌즈효과

⑪ 성심리

성의 구성과 의미, 성의 인식과 표현, 성의 기억과 생각, 성심리, 부정감정과 성심리, 부정인식, 긍정기분과 성심리, 긍정인식

⑫ 성심리 작용

자기성결정권, 심리의 순결, 성교육과 예방교육, 지식교육의 역효과, 성심리의 중요성, 성심리의 작용, 성범죄의 예방과 치료, 이해와 배려

⑬ 성행동

매력과 성적매력, 성심리와 성행동, 남자의 성욕과 열정, 여자의 사랑과 성욕, 남자의 쾌락, 상처와 위로, 성행동의 심리

⑭ 성문제와 힐링

성문제 인식, 성문제(Sex Trouble), 성트라우마, 성심리장애, 성기능장애, 성행동장애, 성심리치료, 성행동의 교감, 교감기법

⑮ 상처와 스트레스

기억과 심리, 스트레스, 심리상처, 트라우마와 무의식, 트라우마 방어기준, 트라우마의 치료습관, 심리문제의 점검, 심리장애의 원인

⑯ **심리장애**
이상심리, 정신장애, 정신병증, 중독의 원리, 범죄의 발생, 자살심리, 심리의 대칭, 행복의 길, 자아존중, 심리문제의 인과관계

⑰ **대화와 행복**
대화란, 대화의 기능, 감정과 의견, 대화의 심리, 문제의 인식, 감정대립(감정싸움), 대화의 방법, 행복이란, 행복의 원리, 스트레스와 행복

⑱ **심리오류와 행복**
감정기억의 오류, 긍정기분 오류, 부정기분 오류, 긍정감정 오류, 부정감정 오류, 상처와 행복, 행복원리, 스트레스와 행복, 부부행복

⑲ **일과 스트레스**
행복차이, 목적과 선택, 의식과 무의식, 지식과 감정, 스트레스와 심리, 스트레스의 예방과 치료, 일과 행복, 의식장애, 감정장애

⑳ **일과 행복**
일중독, 일중독의 예방과 치료, 인간의 행복, 인간관계와 가족, 일과 가정의 조화, 사랑과 내조, 성공지향, 이해와 배려

2) 심리교육의 기대효과
심리포럼의 심리교육은 모든 사람과 인간을 대상으로 하며, 건강하고 행복한 삶의 행복습관을 만들어서 타인의 도움과 조언 없이 행복하게

살 수 있는 능력을 갖도록 한다. 특히 자신뿐만 아니라 다른 사람들의 행복습관을 만들어 줄 수 있다.

① 심리치료의 효과

감정장애(우울증, 불면증, 섭식장애, 성욕과잉, 불안증, 공황장애, 기타 감정장애)의 심리치료, 의식장애(성격장애, 섹스중독, 쇼핑중독, 관계중독, 게임중독, 도박중독, 기타 중독증)의 심리치료효과

② 청소년의 올바르고 건강한 인성함양

심리문제의 해결, 자살예방과 다양한 예방교육효과, 학습장애의 해결, 갈등의 해결, 친구관계의 고민해결, 성적향상, 학습능력향상, 학교폭력과 따돌림의 예방과 대처, 상처의 예방과 대처, 인성교육, 성심리를 기초로 한 성교육의 효과

③ 행복습관 만들기

심리문제의 해결, 자살예방, 성폭력과 성희롱의 예방, 가족갈등의 문제해결, 부부갈등의 문제해결, 대인관계의 고민해결, 상처의 예방과 치료방법, 자존감과 자신감의 향상, 부부행복, 행복습관을 형성하는 효과

④ 일과 행복의 조화

일과 직업이 추구하는 목표의 달성과 개인의 행복을 조화롭게 만드는 능력, 즐겁고 행복한 직장생활, 행복한 대인관계의 형성, 창의적이고 진취적인 사고와 실천, 자기 능력의 극대화, 성취와 성공의 효과

⑤ **성문제의 해결**

건강하고 아름다운 사랑과 행복 만들기, 성심리장애와 성행동장애의 해결, 성기능장애의 치료, 성고민과 성문제의 해결, 성생활의 즐거움과 행복, 사랑과 행복 만들기, 부부관계의 행복, 배우자 외도문제의 해결 등의 효과

이외 자신의 심리문제를 스스로 해결할 수 있는 능력을 갖게 되고, 모든 인간관계(부부관계, 남녀관계, 애인관계, 사랑관계, 성관계, 친구관계, 동료관계, 지인관계, 사업관계, 업무관계, 이외 인간관계)를 원활하고 행복하게 할 수 있는 능력을 갖게 된다. 특히 자신과 상대의 심리분석능력과 감정조절능력을 통하여 행복습관을 갖게 되는 효과를 기대할 수 있다.

심리학습과정 소개

1) 교육과정

심리포럼 심리학습과정

2) 교육개요

심리포럼의 심리학습과정은 마음과 심리의 근본인 무의식의 심리를 기초로 하여 마음과 심리의 원리와 이치, 무의식의 작용에 대한 교육과정이다. 정신장애(의식장애)와 이상심리(감정장애)를 해결하여 건강하고 행복하게 살아갈 수 있도록 하는 심리치료를 위한 교육이며, 인간관계(남녀관계 포함)의 마음과 심리를 분석하고 활용함으로써 자신과 타인의 심리문제에 대한 예방, 대처, 해결을 쉽게 할 수 있는 심리교육이다. 빠른 마음의 변화로 성격을 바꿀 수 있다. 인간은 누구나 태어나면서 행복하게 살고자 하는 행복심리를 갖고 있으며, 무의식으로 작용하면서 모든 심리가 작용한다. 이에 대한 원리와 이치를 정확히 알 수 있도록 하는 마음교육이고 심리교육이다.

3) 교육방법

- 개별교육: 개인별 1:1 교육(수시 신청가능)
- 단체교육: 5명 이상 단체로 교육(매월 공지 후 접수)

4) 교육기간

- 교육기간: 3개월 ~ 5개월

- 교육시간: 총 20~40시간(1회 1시간 이상 기준)
- 교육주기: 주 1~2회(심리학습과정별로 협의 결정)

5) 교육교재와 과제제출
- 교재 무료 제공
- 심리포럼 공식카페에서의 정보와 자료 제공
- 심리포럼 공식카페를 통한 과제 실행

6) 학습 후 혜택
- 심리포럼의 지역별, 학술별, 분야별, 단체별 포럼개설 지원
- 심리포럼 교육전문가 과정의 할인(10%~50%)
- 심리포럼 학습과정의 수료증 발급
- 심리포럼 운영진 참여자격
- 심리포럼 정회원 무료(2년)
- 심리포럼 출간도서 및 간행물 무료(2년)

7) 교육신청방법
이메일로 "심리학습과정"을 신청한다.(신청자의 개인소개, 신청사유, 문의할 내용)

8) 교육문의
연락처: 02)455-6004 / 이메일: mindforum@daum.net

*기타 자세한 문의는 심리포럼 공식카페를 참고

교육전문가과정

1) 교육과정
심리포럼 교육전문가과정

2) 교육개요
심리포럼의 지역별, 학술별, 분야별, 단체별 등 기타 다양한 관련 심리포럼을 독자적으로 운영할 수 있는 심리포럼의 전문가를 양성하고, 인간의 마음과 심리에 대한 새로운 심리이론을 체계적으로 학습한 후, 심리포럼에서 실시하는 다양한 특강과 심리교육을 필요로 하는 기관, 학교, 단체, 기업 등에서 힐링교육, 인성교육, 심리교육, 기타 다양한 특강과 심리교육을 전문으로 하는 교육전문가의 양성 등을 목표로 한다.

3) 교육내용
- 심리포럼 심리학습과정
- 분야별 교육기법의 학습과 실습
- 교육전문가 수련과정(인성심리교육, 심리치료교육)

4) 교육방법
- 개별교육: 개인별 1:1 교육(수시 신청가능)
- 단체교육: 5명 이상 단체로 교육(매월 공지 후 접수)

5) 교육기간(총 1년)
- 심리학습과정: 3개월 ~ 5개월
- 분야별 교육기법 학습 및 실습: 3개월(심리교육전문가 인증)
- 교육전문가 수련과정: 6개월

6) 교육교재와 과제제출
- 교재 무료제공
- 심리포럼 공식카페에서의 정보와 자료제공
- 심리포럼 공식카페를 통한 과제실행

7) 교육전문가 혜택
- 지역별, 학술별, 분야별, 단체별 관련 포럼 개설 지원
- 심리포럼의 교육전문가 자격인증
- 심리포럼의 특강, 강의, 심리교육 등의 자격
- 심리포럼의 심리학습과정 및 교육전문가과정의 교육자격
- 심리포럼 운영진 참여자격
- 심리포럼 전문회원 무료(3년)
- 심리포럼 출간도서 및 발간물의 무료(3년)

8) 교육신청방법
이메일로 "교육전문가과정"을 신청한다.(신청자의 개인소개, 신청사유, 문의할 내용)

9) 교육문의
연락처: 02)455-6004 / 이메일: mindforum@daum.net

*기타 자세한 문의는 심리포럼 공식카페를 참고

5. 회원가입 안내

심리포럼은 오프라인 심리토론을 위한 비영리단체이다. 이에 따라서 공식카페의 회원체계와는 다르게 오프라인 회원으로 가입해야만 심리포럼의 혜택을 갖게 된다. 또한 오프라인 심리포럼의 회원은 정회원, 전문회원, 단체회원, 이사회 등으로 구분하고 있다.

1) 정회원
심리포럼 회원으로 가입한 분(카페에서는 포럼회원으로 관리한다)

2) 전문회원
교육전문가과정을 이수한 회원(카페에서는 전문회원으로 관리한다)

3) 단체회원
심리포럼과 제휴, MOU 계약 등을 체결한 단체나 기업

심리포럼 회원가입 방법

1) 심리포럼의 다음카페에 가입한다.
- 심리포럼 다음카페: http://cafe.daum.net/mindforum
- 그 외 분야별 심리포럼 다음카페

2) 포럼회원으로 등업을 신청한다.
- 카페에서는 포럼회원이고, 심리포럼에서는 정회원이다.

3) 심리포럼의 가입비와 월회비를 납부한다.
- 가입비: 50,000원(가입비는 가입할 때 한 번만 납부한다)
- 월회비: 50,000원(월회비는 매월 10일에 납부한다)

4) 심리포럼 계좌번호
- 은행명: 신한은행
- 계좌번호: 100-031-319028
- 예금주: 심리포럼

5) 가입비와 연회비의 입금이 확인되면 정회원 가입 완료
- 가입완료 시 확인 이메일을 송부한다.
- 해당 카페에서 포럼회원으로 자동 등업된다.

심리포럼 정회원의 특전

1. 심리포럼 출간도서와 발간회보 및 자료집 무료 증정
2. 심리포럼 및 분야별 포럼에 '정회원'으로 참가할 수 있다.
3. 심리포럼 및 분야별 포럼의 '자료실'을 열람할 수 있다.
4. 심리포럼 및 분야별 포럼의 '영상자료'를 열람할 수 있다.
5. 심리포럼 및 분야별 포럼의 논제발표, 토론참여, 운영진 참여 가능
6. 다양한 심리포럼의 혜택을 가진다.

심리포럼은 비영리단체로서 회원의 회비로 운영된다. 여러분의 적극적인 참여에 의하여 함께 발전하는 심리토론모임이다.

교육문의

연락처: 02)455-6004 / 이메일: mindforum@daum.net